stefan schöning release.01

Campbell's
ASPERGECREME
ASPERGES

Stefan Schöning, profession: explorer

To recognise the work of a designer, an architect or an artist, generally the first thing you look for is his/her characteristic style. Locating a characteristic style in the work of Stefan Schöning cannot be done quite so instantaneously, for several reasons, beginning from the most simple and immediate one: his training. Stefan Schöning is not an architect who also works on product design, but a designer who studied product design and product development, which enabled him to acquire specific technical and technological skills, pushing each of his projects beyond the threshold of mere aesthetic formalism. In this way his educational and cultural formation were added on to the peculiarities inherent in his Flemish origins: pragmatism and curiosity. And also added to a vein of irony in the registered name of his practice: Colombo. A reference to Joe Colombo, a designer for whom irony was a characteristic of his style and who, in our own times, remains a source of inspiration for more than one designer. And a reference also to Columbus the navigator, searching for unexplored new frontiers out of curiosity and a desire to make his name, and stumbling upon America.

What differentiates Stefan Schöning from other designers is his ability to extract, out of the infinite historical material available, only what is appropriate for each specific project, and bring it to life as a series of layers that come to maturity one after another; this gives a burst of fresh energy to every new job, as he explores new aspects of his formal and material investigations in ways that help to shape the later stages of his constantly evolving development. His output takes in various areas of design, from domestic objects to large-scale urban design, from external light fittings for public areas to furniture elements for railway stations, grill pans for steaks, furnishing accessories, furniture. And every project becomes a journey, an exploration, a search for materials and forms in different cultures, a contemporary interpretation of historical elements.

Examined close up, his work shows that it has gone through various stages of development, but there was already a clear intent in his earliest designs. Although his projects can be placed in chronological order, that order doesn't work when you consider the range of his projects at different and progressively bigger scales; on the contrary, considering them chronologically, one finds a continual interaction between objects at the domestic scale and projects at the urban scale, all of them carried out with constant care, attention, and curiosity.

In 2002 at the request of the Flanders Fashion Institute, he specially designed the *Modenatiesofa* for the new MoMu (Museum of Fashion) building in Antwerp: a reinterpretation of metal plaiting, shaped into a continuous curve that suggests a sinuous infinity loop, easy to transport and to adapt in response to constantly changing exhibition spaces. In 2004 he won a competition to design a new coordinated image for the Belgian national railways: new signage, ticket windows, ticket machines, and information screens, a range of fittings that keep the public informed and furnish the spaces with soft, rounded lines in a contemporary white, transmitting a message of non-invasive efficiency by using signage that is visible but not aggressively so, and certainly not bureaucratically. In *Circus* and *Bonitos*, two of his projects for street lighting, there is an unmistakeably ironic and playful spirit. Designed in 1998, *Circus* was his new concept for the outdoor lighting standards along the promenade in Zeebrugge, and was inspired by the game of

VERPAKKING
FAIR GUIDES
IMM KÖLN '08
MAISON &
OBJET '08
INTERIEUR'06
DESIGN KOREA
'08 1/2
DESIGN KOREA
'08 2/2
KNO INZICHT
TRANSPORT

quoits; this gave the public illumination a somewhat unexpected appearance. *Bonitos*, designed in 2005, is a system of external light fittings for a residential district in Ypenburg (Holland) inspired by M&M's (Bonitos being the original name of M&M's). Again the result is not only young and fresh, but also respectful of the environment by using LED lighting. These projects denote the successful encounter between an institutional client and the free-minded approach of an independent professional. Many of his projects for public clients such as these are technically articulated and complex, so that their playfulness comes as even more of a surprise.

Although when we browse through the album of all his work, relatively speaking furniture design appears to be the smallest part, it is probably his most beloved. This may be because designing a piece of furniture offers more freedom for the expression of artistic creativity, but also the sometimes innovative technical capabilities required for developing the engineering solutions, in which the designer always works in close cooperation with the technical office of the producing company; and let us not forget that in technological research, Italian furniture companies are among the most advanced in the world. The extremely thin sheet that gives his Liv'it *Ultra* chair its profile, for instance is one such technical challenge. His *Wifi* side table-container-tray, also for Liv'it, expresses a meeting between different cultures, inspired on the one hand by the Moroccan leather pouffe but on the other hand, transformable into a functional storage container for the modern living room. Even in his more 'commercial' products, such as some upholstered pieces, great care is always taken in the perfecting of the details of the finishing, in which nothing is ever left to chance and everything is investigated in great detail. If furniture design today often leaves us perplexed because of its tendency to only be produced in limited editions that have little of the industrial about them, Stefan's work acquires even greater value precisely because it is industrial, born to be industrial and not in the least ashamed of being so; on the contrary, making it a cause for pride, finding the product's ability to replicate itself indefinitely, without losing its quality and beauty, a pragmatic and practical response to the fundamental question faced by design.

Continuing to browse, looking for Stefan's characteristic style, we come across the *Folder* chair, which he says is his most favourite project of all. Designed in 2001, *Folder* was the first item in the *Polyline* project, his personal way of designing a limited edition piece. In this project he left aside some of the aspects of design that manufacturers usually can never afford to ignore: production costs, and how to industrialise the packaging and shipping process. Made from a single sheet of polypropylene folded using an origami technique, *Folder* was a moment of genuine experimentation with form and material. If Stefan has a characteristic style at all, perhaps it is here that we can see it, in one of his first important projects: his ability to merge different cultures and bring materials that are readily available into contact with manual skills from far-off lands. Although today, his skill at responding to the practical demands of his clients makes him appear almost chameleon-like, his ironic spirit remains intact. That may be one of the most attractive features any designer could offer: the ability to give his client a product that works and does not merely satisfy the designer's own vanity. Yet always with a playful soul and an active, investigative spirit, partly thanks to Stefan's background in the city of Antwerp, Europe's second most important seaport with a deep, broad-minded international culture that offers a thousand different stimuli but also has a pragmatic spirit.

—

Roberta Mutti / **architect & journalist**

OTTO WOLFF

PRIST

Stefan Schöning, beroep: onderzoeker

Om het werk van een ontwerper, een architect of een kunstenaar te herkennen, zoekt men eerst en vooral naar zijn/haar typische stijl. Het is echter niet zo gemakkelijk om in het werk van Stefan Schöning onmiddellijk iets typisch te herkennen. En daar zijn verschillende redenen voor. Laten we beginnen met de eenvoudigste en meest voor de hand liggende: zijn opleiding. Stefan Schöning is geen architect die zich ook bezighoudt met productontwerp, maar een designer die een opleiding product design en productontwikkeling volgde. Dit stelde hem in staat om specifieke technische en technologische kennis te verwerven, waardoor hij elk project over de drempel van het louter esthetisch formalisme heen kan tillen. Voeg zijn opleiding en culturele achtergrond bij de typische kenmerken van zijn Vlaamse afkomst: pragmatisme en nieuwsgierigheid. En voeg daar ook de ironie bij die je terugvindt in de geregistreerde naam van zijn bedrijf: Colombo. Een verwijzing naar Joe Colombo, een designer wiens stijl gekenmerkt wordt door ironie en die tot op heden menig designer blijft inspireren. De naam verwijst tevens naar de zeevaarder Columbus, die uit nieuwsgierigheid en omdat hij uit was op roem, op zoek ging naar onontgonnen gebieden, en zo op Amerika stuitte.

Stefan Schöning onderscheidt zich van andere designers door zijn bekwaamheid om uit het eindeloze historische materiaal dat voorhanden is, alleen dit te kiezen dat geschikt is voor elk specifiek project, en het tot leven te brengen als een reeks lagen die na elkaar tot volle ontwikkeling komen. Dit geeft nieuwe energie aan elk nieuw project, waarbij hij steeds blijft zoeken naar nieuwe vormen en materialen die hij in de latere stadia van zijn voortdurende ontwikkeling kan gebruiken. Het resultaat beslaat uiteenlopende gebieden van design, van gebruiksvoorwerpen tot grootschalige stedelijke ontwerpen, van buitenverlichting voor openbare plaatsen tot publieke inrichting van stations, grillpannen, accessoires en meubels. Elk project wordt een reis, een expeditie, een zoektocht naar materialen en vormen in allerlei culturen, een hedendaagse interpretatie van historische elementen.

Wanneer zijn werk onder de loep wordt genomen, blijkt duidelijk dat het verschillende stadia heeft doorlopen, ook al zat er in zijn eerste ontwerpen al een duidelijke bedoeling. Hoewel je zijn ontwerpen chronologisch kan ordenen, gaat die volgorde niet op wanneer je de reikwijdte van zijn projecten bekijkt op verschillende en steeds grotere schaal; wel integendeel, wanneer je zijn werken chronologisch bekijkt, merk je een voortdurende wisselwerking tussen de dagelijkse gebruiksvoorwerpen en de grootschalige stadsprojecten. Allemaal voert hij ze uit met dezelfde zorg, aandacht en nieuwsgierigheid.

In 2002 ontwierp hij in opdracht van het Flanders Fashion Institute een speciale *Modenatiesofa* voor het nieuwe MoMu (Mode Museum) gebouw in Antwerpen: een herinterpretatie van vlechtwerk in staal, in een ononderbroken curve die zich als het ware door de ruimte slingert. De sofa is bovendien gemakkelijk te vervoeren en kan aangepast worden aan de steeds wisselende noden van de expositieruimte. In 2004 won hij een wedstrijd voor het ontwerpen van een nieuw bedrijfsimago voor de Belgische nationale spoorwegen: nieuwe uithangborden, loketten, ticketautomaten en informatieschermen, een reeks van verlichtingsborden die het publiek moeten informeren en de ruimtes voorzien van zachte, afgeronde lijnen in een hedendaags wit. De boodschap is er één van niet-indringende efficiëntie door het gebruik van uithangborden die zichtbaar zijn maar daarom niet agressief, en zeker niet bureaucratisch. In *Circus* en *Bonitos*, twee projecten voor straatverlichting, zit onmiskenbaar iets ironisch en speels. *Circus*, ontworpen in 1998, was zijn nieuwe concept voor verlichtingspalen langs de promenade in Zeebrugge, en was geïnspireerd door het spel ringwerpen. Dit gaf de openbare verlichting een enigszins verrassend uitzicht. *Bonitos*, dat in 2005 werd ontworpen, is een systeem van buitenverlichting voor een residentiele wijk in Ypenburg (Nederland) dat geïnspireerd werd door M&M's (Bonitos was de oorspronkelijke naam van M&M's). Opnieuw is het resultaat niet alleen jong en verfrissend, maar getuigt het bovendien van veel respect voor het milieu door het gebruik van LED-verlichting. Deze projecten illustreren dat de samenwerking van een institutionele klant en de vrije benadering van een onafhankelijke professional zeer succesvol kan zijn. Veel van zijn projecten voor de openbare sector zijn technisch en complex, zodat hun speelsheid nog verrassender overkomt.

Als we verder grasduinen in het album van zijn realisaties, blijken de meubelontwerpen weliswaar in de minderheid, waarschijnlijk zijn ze voor hem het meest geliefd. Misschien omdat een meubelstuk ontwerpen meer vrijheid biedt om artistieke creativiteit uit te drukken, maar ook door de soms innovatieve technische kennis die vereist is om technische oplossingen te ontwikkelen, waarvoor de ontwerper steeds nauw samenwerkt met het technische bureau van de producent. We mogen ook niet uit het oog verliezen dat op het vlak van technologisch onderzoek de Italiaanse meubelfirma's tot de wereldtop behoren. De uiterst dunne plaat die het profiel vormt van de *Ultra* stoel is een voorbeeld van een dergelijke technische uitdaging. Zijn *WiFi* bijzettafel-opbergruimtedienblad, ook voor Liv'it, drukt een ontmoeting uit tussen verschillende culturen, die geïnspireerd wordt door de Marokkaanse lederen poef maar die anderzijds kan worden omgevormd tot een functionele opbergruimte in de moderne huiskamer. Zelfs bij zijn meer 'commerciële' producten zoals de gestoffeerde meubelen, besteedt hij de grootste zorg aan een perfecte afwerking, waarbij niets aan het toeval wordt overgelaten en alles tot in de details wordt bestudeerd. In een tijd waarin meubeldesign ons vaak versteld doet staan omwille van de tendens om enkel limited editions te realiseren die mijlenver staan van de industriële productie, is Stefans werk des te waardevoller net omdat het industrieel is, ontworpen met industriële bedoelingen en zich hier allesbehalve voor schaamt. Wel in tegendeel, hij ziet het als een bron van trots en het product slaagt erin om zich oneindig te herhalen zonder aan kwaliteit en schoonheid in te boeten. Een pragmatische en praktische reactie op de fundamentele vraag waarmee design geconfronteerd wordt.

Als we verder grasduinen, op zoek naar Stefans typische stijl, dan stuiten we onvermijdelijk op de *Folder* stoel, waarvan hij zelf zegt dat het zijn lievelingsproject is. De stoel werd ontworpen in 2001, en was het eerste ontwerp van zijn *Polyline* project. Het was zijn manier om een product in een beperkte oplage te ontwerpen. In dit project legde hij sommige aspecten van het ontwerpen naast zich neer, die producenten meestal niet over het hoofd kunnen zien: de productiekosten, verpakking en vervoer. De stoel is gemaakt uit een enkele laag van polypropyleen, dat geplooid werd volgens de origamitechniek. De *Folder* stoel was de ideale gelegenheid om met vorm en materiaal te experimenteren. Als Stefan al een typische stijl zou hebben, dan is het wellicht wat we hier te zien krijgen in één van zijn eerste belangrijke projecten: zijn bekwaamheid om verschillende culturen te versmelten en beschikbare materialen te onderwerpen aan manuele technieken uit verre landen. Hoewel hij door zijn kunde om in te gaan op de praktische vragen van zijn klanten bijna op een kameleon lijkt, blijft zijn ironie intact. Dat zou wel eens één van de meest boeiende kenmerken kunnen zijn die een designer kan bezitten: de bekwaamheid om de klant een product te bieden dat 'werkt' en dat niet alleen de ijdelheid van de designer streelt. Toch doet hij dit steeds met een speelse, actieve en onderzoekende geest, die gedeeltelijk te danken is aan zijn Antwerpse achtergrond, Europa's tweede zeehaven met een diepgewortelde, ruimdenkende en internationale cultuur, die duizenden stimulansen biedt maar ook pragmatisch ingesteld is.

—

Roberta Mutti / architect & journalist

Stefan Schöning, professione: esploratore

Per riconoscere un designer, un architetto, un artista, in genere si cerca, come prima cosa, una cifra stilistica. Individuare una cifra stilistica nel lavoro di Stefan Schöning non è così immediato. Per diverse ragioni. Cominciamo dalla più semplice e immediata: la formazione. Stefan Schöning non è un architetto che spazia anche nel design, ma un progettista che ha studiato disegno industriale e sviluppo prodotto, ciò che gli ha consentito di maturare competenze specifiche, tecniche e tecnologiche, che spingono ogni suo disegno oltre la soglia del formalismo estetico. La sua formazione scolastica e culturale si aggiunge così a peculiarità insite nella sua origine fiamminga: pragmatismo e curiosità. E alla vena di ironia che emerge dal nome che ha dato alla ragione sociale del suo studio: Colombo. Come Joe Colombo, un designer che aveva fatto dell'ironia la sua cifra stilistica, e che costituisce una fonte d'ispirazione per più di un designer dei nostri tempi. E come il navigatore, inciampato nell'America nella sua ricerca di nuove frontiere inesplorate, per curiosità e voglia di mettersi in gioco.

Ciò che differenzia Stefan Schöning da altri designer è la capacità di pescare dall'infinito materiale storico solo ciò che è funzionale a ogni specifico progetto, costruendo il suo vissuto per livelli successivi di maturazione, imprimendo una spinta diversa a ogni nuovo lavoro, esplorando nuovi aspetti nella ricerca formale e materica, che concorrono a delineare le fasi della sua continua evoluzione. La sua produzione abbraccia vari campi di intervento, oggetti domestici e macrodisegni urbani: si va dalle luci per illuminazione pubblica, agli elementi d'arredo delle stazioni ferroviarie, alle griglie per bistecche, ai complementi d'arredo, agli elementi di arredo. E ogni progetto diventa un viaggio, un'esplorazione, una ricerca di materiali e forme in diverse culture, un'intepretazione contemporanea di elementi storici.

Visto da vicino, il suo lavoro esprime le varie fasi della sua evoluzione, ma già i suoi primi lavori esprimono una chiarezza di intenti. Sebbene sia possibile tracciare un ordine cronologico, questo non corrisponde a progetti di scala differente e progressiva; al contrario, nella progressione temporale è continuo l'intreccio tra gli oggetti a scala domestica e i progetti a scala urbana, tutti eseguiti con la medesima cura, attenzione, e curiosità.

Nel 2002 progetta il Modenatiesofa, su richiesta del Flanders Fashion Institute, appositamente per il nuovo edificio del MoMu (Museo della Moda) di Anversa: una reinterpretazione dell'intreccio del cavo metallico, sagomato in una curva continua a suggerire un infinito sinuoso, trasportabile facilmente per adattarsi alle esposizioni in continuo cambiamento. È del 2004, invece, il progetto della nuova immagine coordinata per le ferrovie dello stato belga, un incarico che consegue alla vincita di un concorso a inviti per il disegno di una nuova segnaletica, sportelli, biglietterie automatiche, schermi continui. Una serie di elementi che arredano e informano, dal disegno morbido e arrotondato, di colore bianco contemporaneo, che comunicano un'idea di efficienza non invasiva, una segnaletica presente, ma non aggressiva e sicuramente poco burocratica. Decisamente ironica e giocosa è l'anima che informa Circus e Bonitos, due progetti per illuminazione stradale. Nel primo, del 1998, lampioni di nuova concezione che rischiarano la passeggiata di Zeebrugge, l'ispirazione è un gioco — il lancio del cerchio — e il risultato è un aspetto insolito per un'illuminazione pubblica. Nel secondo, del 2005, l'illuminazione delle vie di un quartiere residenziale a Ypenburg (NL), i corpi illuminanti si ispirano agli M&M's (Bonitos era l'antico nome degli M&M's), e il risultato è di nuovo giovane e fresco, oltre al rilievo che qui assume il rispetto dell'ambiente, che vede l'impiego di luci a LED. Un incontro riuscito tra committenza istituzionale e attività professionale indipendente.

Molti dei suoi progetti, come quelli appena citati, sono articolati e complessi, su commissione di enti pubblici: è ancora più sorprendente che abbiano un aspetto così ludico. Sfogliando l'album che raccoglie tutti i suoi lavori, emerge come la sezione di design del mobile sia, tutto sommato, la più contenuta, anche se probabilmente è la più amata, magari anche solo perché il disegno di un elemento di arredo offre più libertà di esprimere creatività artistica e capacità tecniche, con la messa a punto di soluzioni ingegneristiche a volte innovative, grazie a una stretta collaborazione tra progettista e ufficio tecnico delle aziende — non dimentichiamo che le aziende italiane del settore del mobile sono tra le più avanzate al mondo nella ricerca tecnologica. Così è una sfida il sottilissimo foglio che delinea la seduta Ultra, di Liv'it, e un incontro tra diverse culture il contenitore-vassoio WiFi, anch'esso per Liv'it, ispirato ai pouf di pelle marocchini ma trasformabile in funzionale contenitore da soggiorno. Anche nei prodotti più 'commerciali', quali alcuni imbottiti, per esempio, in risalto è sempre la cura che viene risposta nello studio dei dettagli di finitura, in cui niente è mai lasciato al caso, ma tutto viene esplorato nei minimi dettagli. Oggi, che il design del mobile spesso lascia perplessi per la sua tendenza a prodursi in edizioni limitate, che di industriale hanno poco, acquista ancora più valore il lavoro di Stefan, proprio perché è industriale, nasce per esserlo e non si vergogna di questo, al contrario, ne fa motivo di orgoglio, trovando nella capacità di replicarsi all'infinito senza perdere in qualità e bellezza la risposta pratica e pragmatica alla domanda fondamentale del design. Alla ricerca della sua cifra stilistica, ci si imbatte in Folder, il progetto che dichiara di amare di più. La sedia Folder, disegnata nel 2001, è il primo pezzo del progetto Polyline, la sua personale interpretazione dell'edizione limitata. Ricavata da un unico foglio di polipropilene piegato con la tecnica origami, è un momento di autentica sperimentazione di forma e materiale, senza badare alle esigenze industriali di imballaggio e spedizione, per esempio, e senza curarsi del costo di produzione. Cosa che quasi mai le aziende possono permettersi di fare. Da questo, che è uno dei suoi primi importanti progetti, forse emerge di più il segno di Stefan Schöning, se di segno si può parlare: una capacità di fondere culture diverse, affiancando manualità di Paesi lontani a materiali vicini. Oggi, emerge un'abilità quasi camaleontica di rispondere alle richieste dei suoi committenti, conservando intatto il proprio spirito ironico. Ciò che forse costituisce una delle caratteristiche migliori di un designer: l'abilità di offrire a un committente un prodotto che funzioni, e non che si limiti a soddisfare la vanità del progettista.
Ma sempre con un'anima giocosa e uno spirito attivamente indagatore, che in parte può essere attribuito al suo essere originario di Anversa, secondo porto d'Europa, immerso in una cultura internazionale di ampio respiro, con mille diversi stimoli ma uno spirito pragmatico.

—

Roberta Mutti / architetto & giornalista

project
Gent Sint-Pieters
Architectuur.
Landschap.
Licht.

001

amerigo

drisag

amerigo is the collective name for the range of office chairs which i have designed for drisag. this conference chair is unique because the back, the seating and the arm volumes have been built up as one part around the steel 4-leg base. hence the upholstery and the steel base inadvertently cross over as they form one continuous line. / ***amerigo*** **is de verzamelnaam van het kantoorstoelprogramma dat ik ontworpen heb voor drisag. deze bezoekersstoel is bijzonder omdat het rug-, zit- en armvolume uit één deel is opgebouwd rond het stalen potenframe. daardoor lopen het gestoffeerde deel en het stalen onderstel in één lijn door.** / amerigo *est le nom générique de ce programme de chaises de bureau que j'ai créé pour drisag. cette chaise pour visiteurs a ceci de particulier que le volume du dos, du siège et des bras forment un tout, enveloppant la construction en acier des pieds. ainsi, la partie revêtue se trouve dans le prolongement parfait de la base en acier.*

www.drisag.be

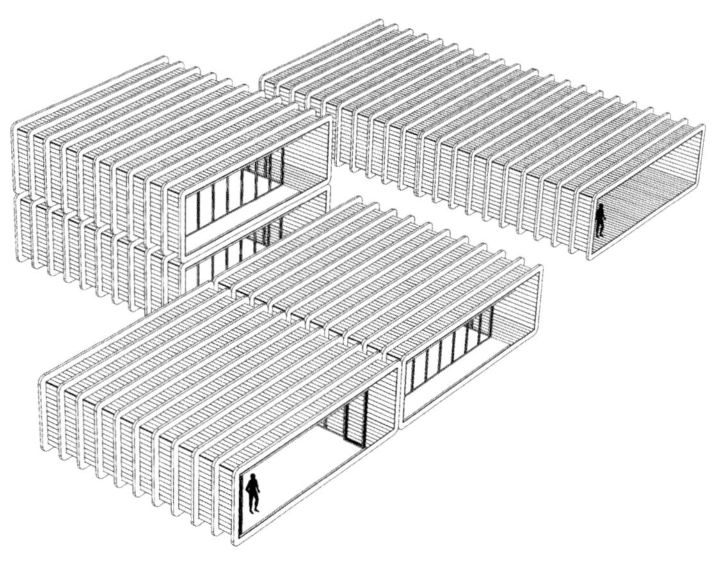

the objective of the flemish and dutch master builders is to contribute to a spatially high-quality living environment, based on discussions with all of the parties involved. the governmental patrimony is the subject and at the same time it's the instrument that needs to be used to realise this ambitious achievement. after all the development of the patrimony is not only a cultural exploit, but also a social responsibility. under the terms of this ambition, the government ordered the architects to select designers, subject to the european competition guidelines, for governmental assignments who are willing to search for the optimum quality for a specific project. hence the flemish government architect has issued the master test. this is a procedure through which young, talented architects are offered the opportunity to execute a governmental assignment. the master test is a procedure involving small-scale assignments in the constructional field which can be allocated without publication. the selection of young architects and artists takes place through the architecture institutes and the tutorship respectively. the master test is not a competition for young talent as such but rather the organisation of a mental working space for young talent, offering guaranteed governmental support as far as project guidance and realisation are concerned. / **het is de doelstelling van de vlaamse en nederlandse bouwmeesters om in overleg met alle betrokkenen bij te dragen tot een ruimtelijk kwalitatieve leefomgeving. het overheidspatrimonium vormt het onderwerp en instrument om deze ambitie te realiseren. de uitbouw van het patrimonium is immers een culturele daad en een maatschappelijke verantwoordelijkheid. in dit kader verleende de regering aan de bouwmeester de opdracht om, binnen de europese concurrentieregels, ontwerpers voor overheidsopdrachten te selecteren die bereid zijn te zoeken naar de maximale kwaliteit voor een specifiek project. daarom heeft de vlaamse bouwmeester de meesterproef ingericht: een procedure waarbij jonge getalenteerde architecten de kans krijgen om een overheidsopdracht uit te voeren. het gaat daarbij om kleinschalige, bouwkundige opdrachten die zonder publicatie gegund kunnen worden. de selectie van jonge architecten en kunstenaars gebeurt respectievelijk via de architectuurinstituten en het peterschap. de meesterproef is dus geen wedstrijd voor jong talent maar de organisatie van een mentale werkruimte voor jong talent waarbij de overheid zich garant stelt voor de omkadering en de realisatie.** / *l'objectif des architectes flamands et hollandais est de contribuer, en concertation avec toutes les parties concernées, à un cadre de vie qualitatif au niveau de l'aménagement de l'espace. le patrimoine de l'état représente à cet égard l'objet et l'instrument pour réaliser cette ambition. le développement du patrimoine est en effet un acte culturel et une responsabilité sociale. dans le cadre de cette ambition, le gouvernement a attribué à l'architecte du gouvernement la tâche de sélectionner, en respectant les règles de concurrence européennes, des créateurs disposés à rechercher la qualité maximale pour un projet spécifique pour des commandes émanant des pouvoirs publics. voilà pourquoi l'architecte du gouvernement flamand a organisé une épreuve de maîtrise. il s'agit d'une procédure donnant à de jeunes architectes talentueux la chance de pouvoir participer à un marché public. l'épreuve de maîtrise est une procédure couvrant des marchés de taille réduite dans le domaine architectural et qui peuvent être adjugés sans publication. la sélection des jeunes architectes et artistes est organisée respectivement via les écoles d'architecture et le parrainage. l'épreuve de maître n'est donc pas un concours pour jeunes talents mais l'organisation d'un atelier mental pour les jeunes talents avec la garantie de la part des autorités quant à l'encadrement et à la réalisation.*

analysing the building culture and the cultural stratification of a certain place just from a single point of view imposes certain limitations. that is why, within the context of the master test, the decision was taken to allow the different ways of thinking within architecture and art to be expressed. hence different senses, various types of expertise and various attitudes to look at the assignment as a future part of the governmental patrimony within the cultural landscape, are put side by side. looking for multiple inter-disciplinary relationships is perfectly attuned to the character of the age that we are living in today. within the scope of a modern management model a lot of disciplines are working together in order to understand the complexity of a specialised society. the more every discipline starts to specialise within an autonomous domain, the more important interaction will become to be able to grasp the reality in its entirety and to be able to offer an integral solution for a formulated assignment. / **het vanuit slechts één standpunt analyseren van de bouwcultuur en de culturele gelaagdheid van een plek houdt beperkingen in. daarom laat men in de meesterproef de verschillende denkwijzen binnen de architectuur en de kunst aan bod komen. zo worden verschillende zintuigen, deskundigheden en attitudes om de opdracht als toekomstig onderdeel van het overheidspatrimonium in het culturele landschap te bekijken, naast elkaar geplaatst. het zoeken naar meervoudige relaties tussen disciplines sluit aan bij het tijdsbeeld waarin we leven. binnen de context van een hedendaags beheersmodel werken vele disciplines samen om de complexiteit van een gespecialiseerde samenleving te begrijpen. hoe meer elke discipline zich specialiseert binnen een autonoom domein, hoe belangrijker de interactie wordt om de realiteit in zijn geheel te kunnen begrijpen en een integrale oplossing aan te bieden voor een bepaalde opdracht.** / *l'analyse de la culture de l'architecture et la stratification culturelle d'un lieu à partir d'un seul point de vue, entraînent des restreintes. c'est pourquoi il a été opté lors de l'épreuve de maîtrise de s'ouvrir aux différentes visions au sein de l'architecture et de l'art. ainsi, les différents sens, expertises et attitudes permettant de voir la commande comme un élément du patrimoine public à l'intérieur du paysage culturel, ont été placés côte à côte. la recherche de relations multiples entre les disciplines cadre parfaitement dans le monde actuel où nous vivons. à l'intérieur d'un modèle de gestion contemporain, de nombreuses disciplines coopèrent afin de mieux saisir la complexité d'un monde spécialisé. plus chaque discipline se spécialise à l'intérieur d'un domaine autonome, plus l'interaction gagne en importance si on veut embrasser la réalité en sa totalité et proposer une solution intégrale pour le marché posé.*

www.vlaamsbouwmeester.be
www.almere.nl

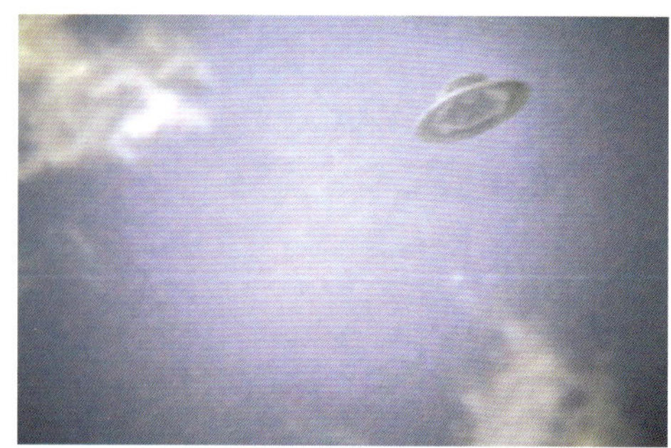

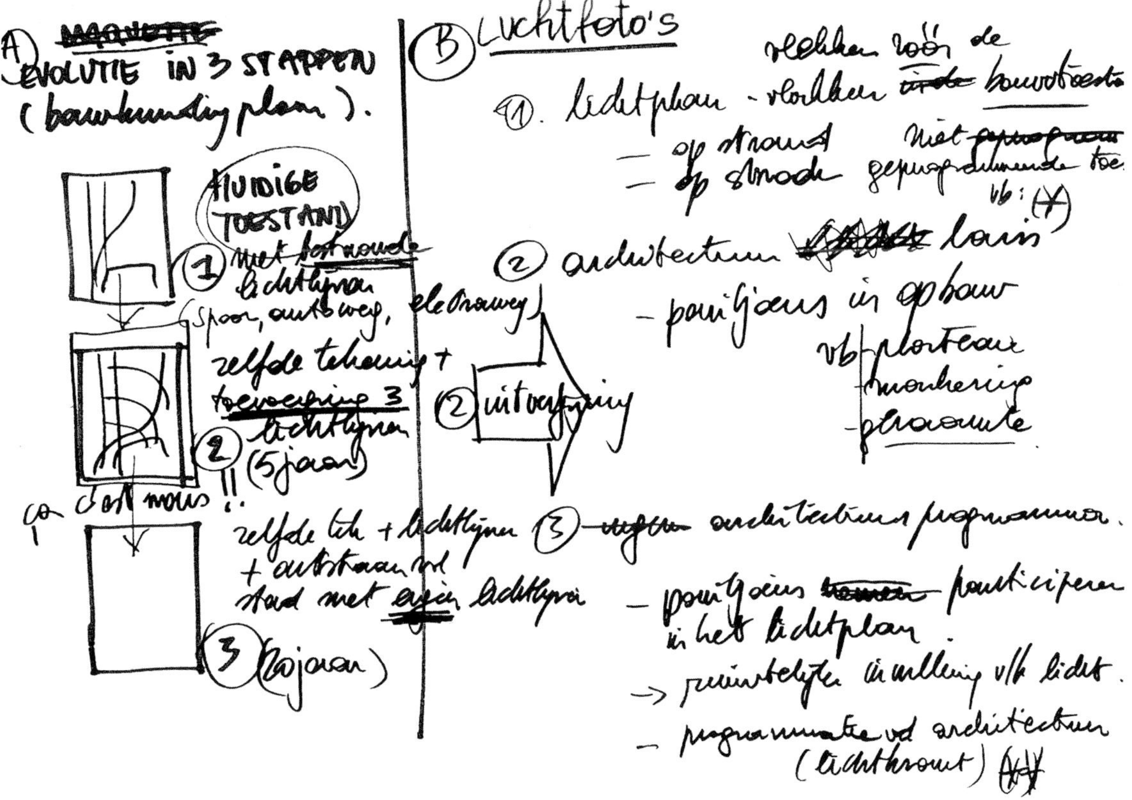
A)
EVOLUTIE IN 3 STAPPEN
HUIDIGE TOESTAND
B Luchtfoto's
lichtplan
architectuur
paviljoens in opbouw
uitvoering

for this project my inspiration has come from the history of almere. the short history of this town and the way people are dealing with it have made me reflect upon the temporary character of the beach ('washed ashore') pavilions. it is my belief that the beach and its surroundings are nice places which i would prefer to keep as unblemished as possible. therefore i developed a system for this type of pavilion which reinforces the temporary and non-architectural character of this 'construction'. it is exactly this temporary character which i wanted to link to the flexible characteristics of this type of pavilion. by combining the construction method and the function this building is meant to get, i naturally ended up with the thought of the 'washed ashore ship' that has been excavated after the closure of the embankments in 1967. by turning the rafters of the hull inside out, the interior can be finished in a functional way. the rafters act as the carriers of the structure and they anchor themselves in the sand of the building pit, strip or beach. they can take on different shapes and dimensions and are put together as separate modules. the inside of the pavilion is finished off with wooden beams which still let the filtered light come through. this leads to a half-open space which can be placed in any location. it can be built up in a fairly short period of time (a few weeks) and it can be equipped or moved later on. the signalisation aspect can be taken care of by using electronic screens or simple graphic panels. they provide a view on the constantly changing landscape and each time gives a different sight on the developments of this area. for a more functional use the inside can be filled with a functional core element which closes the building and opens it up to be used for several public utilities. this 'core' consists of a floor and ceiling equipped with pipes for supply and outlet of water and electricity. glass panels are mounted in-between which can be opened up according to their function or application area. the pavilions, with or without 'core', can be linked up to each other in various ways. the image of extra terrestrial ships keeps popping into my head. they are mysterious, obscure and therefore attractive. besides, i find this is a good archetype of the term pavilion in this context. i think the 'temporary' character and the fact that this architecture is not fixed is really important. they have come one day but they can disappear again any time, unexpectedly. / **in dit project heb ik mij laten inspireren door de geschiedenis van almere. de korte historiek van deze stad en de manier waarop mensen hier mee omspringen heeft mij doen nadenken over het tijdelijke karakter van de strand-('gestrande') paviljoenen. mijn gevoel over het strand en zijn omgeving vertelde me dat ik deze locatie het liefst zo gaaf mogelijk wilde laten. hiervoor ontwikkelde ik een systeem dat het tijdelijke en non-architecturale karakter van dit 'bouwwerk' onderstreept. het is ook dit tijdelijke karakter dat ik wilde koppelen aan de flexibele eigenschap van dit type paviljoen. door de manier van bouwen en de functie die het gebouw moet krijgen met elkaar te combineren, kwam ik als vanzelf bij de eerdere gedachte van het 'gestrande schip' dat is opgegraven na de dijksluiting in 1967. door de spanten van de romp naar buiten te keren, kan de binnenzijde functioneel worden afgewerkt. de spanten dienen als dragers van een structuur en verankeren zich in het zand. ze kunnen verschillende vormen en groottes aannemen en worden modulair samengesteld. de binnenzijde van het paviljoen wordt afgewerkt met houten planken die het gefilterde licht binnenlaten. zo ontstaat een halfopen ruimte die vrij in de ruimte geplaatst kan worden. zij kan op een vrij snelle manier worden opgebouwd (enkele weken)**

en later ingevuld of verplaatst worden. de signalisatie kan gebeuren door het aanbrengen van elektronische schermen of – eenvoudiger – grafische panelen. zij vormen een venster op het steeds evoluerende landschap dat zo telkens een ander beeld geeft van de ontwikkelingen van dit gebied. in een meer functionele uitvoering kan de binnenzijde worden ingevuld met een functionele kern die het gebouw afsluit en bruikbaar maakt voor meerdere nutsvoorzieningen. deze 'kern' bestaat uit een vloer en plafond waarin leidingen worden voorzien voor de aan- en afvoer van water en elektriciteit. hiertussen worden glazen panelen gemonteerd die kunnen worden opengeschoven naargelang hun functie of toepassing. de paviljoens met of zonder 'kern' kunnen op verschillende manieren aan elkaar worden geschakeld. ik denk daarbij steeds aan het beeld van ufo's. ze zijn mysterieus, onverklaard en daarom aantrekkelijk. tevens vind ik het een goed archetype van het begrip 'paviljoen' in deze context. het 'tijdelijke' karakter en het niet willen vestigen van deze architectuur zijn voor mij belangrijk. ze zijn er op een dag gekomen en kunnen om het even wanneer weer vertrekken. / *pour ce projet, je me suis laissé inspirer par l'histoire d'almere. la brève histoire de cette ville et la façon dont les gens l'abordent m'ont fait réfléchir sur le caractère temporel des pavillons de plage ('échoués sur la plage'). c'est mon opinion que la plage et ses environs constituent un lieu agréable dont je tiens à préserver l'aspect immaculé. par conséquent je me suis attelé à la création d'un système pour ce type de pavillons qui souligne ce caractère temporel et non architectural de ce type de 'construction'. c'est également ce caractère temporel que j'ai voulu lier aux propriétés flexibles de ce type de pavillons. en combinant la façon de construire et la fonction qui doit revenir au bâtiment, je suis tout naturellement revenu à l'idée du 'navire échoué', excavé après la fermeture de la digue en 1967. en tournant les chevrons de la coque vers l'extérieur, l'intérieur peut être aménagé de manière fonctionnelle. les chevrons font office de supports d'une structure et ils s'ancrent dans le sable. ils peuvent adopter différentes formes et dimensions et ils sont agencés de façon modulaire. l'intérieur du pavillon est finie par des planches de bois qui laissent percer la lumière du jour filtrée. il se crée ainsi un espace mi-ouvert dont l'emplacement est libre. la suite de la construction peut alors se faire assez rapidement (en quelques semaines) et être aménagée ou déplacée plus tard. la signalisation peut se faire au moyen d'écrans électroniques ou plus simple de panneaux graphiques. ils constituent une fenêtre sur le paysage qui, sans cesse en évolution, donne une autre image des développements dans ce domaine. dans une réalisation plus fonctionnelle, l'intérieur peut accueillir un noyau fonctionnel servant de clôture et pouvant cacher des raccordements à des réseaux d'utilité publique. ce 'noyau' se compose d'un sol et d'un plafond dans lesquels des conduites d'apport et d'évacuation sont prévues pour l'eau et l'électricité. des baies vitrées intercalaires sont montées, qui peuvent être ouvertes selon leur fonction ou leur application. les pavillons avec ou sans 'noyau' peuvent être reliées de différentes manières. je songe ici toujours à l'image des ovnis. ils sont mystérieux, sans aucune explication et ce sont précisément ces traits qui les rendent attrayants. et j'y distingue aussi un bon archétype de la notion de pavillon dans ce contexte. j'attache de l'importance au caractère 'temporel' et à cette architecture qui n'est pas du tout fixe . ils sont venus un jour et ils peuvent repartir à n'importe quel moment.*

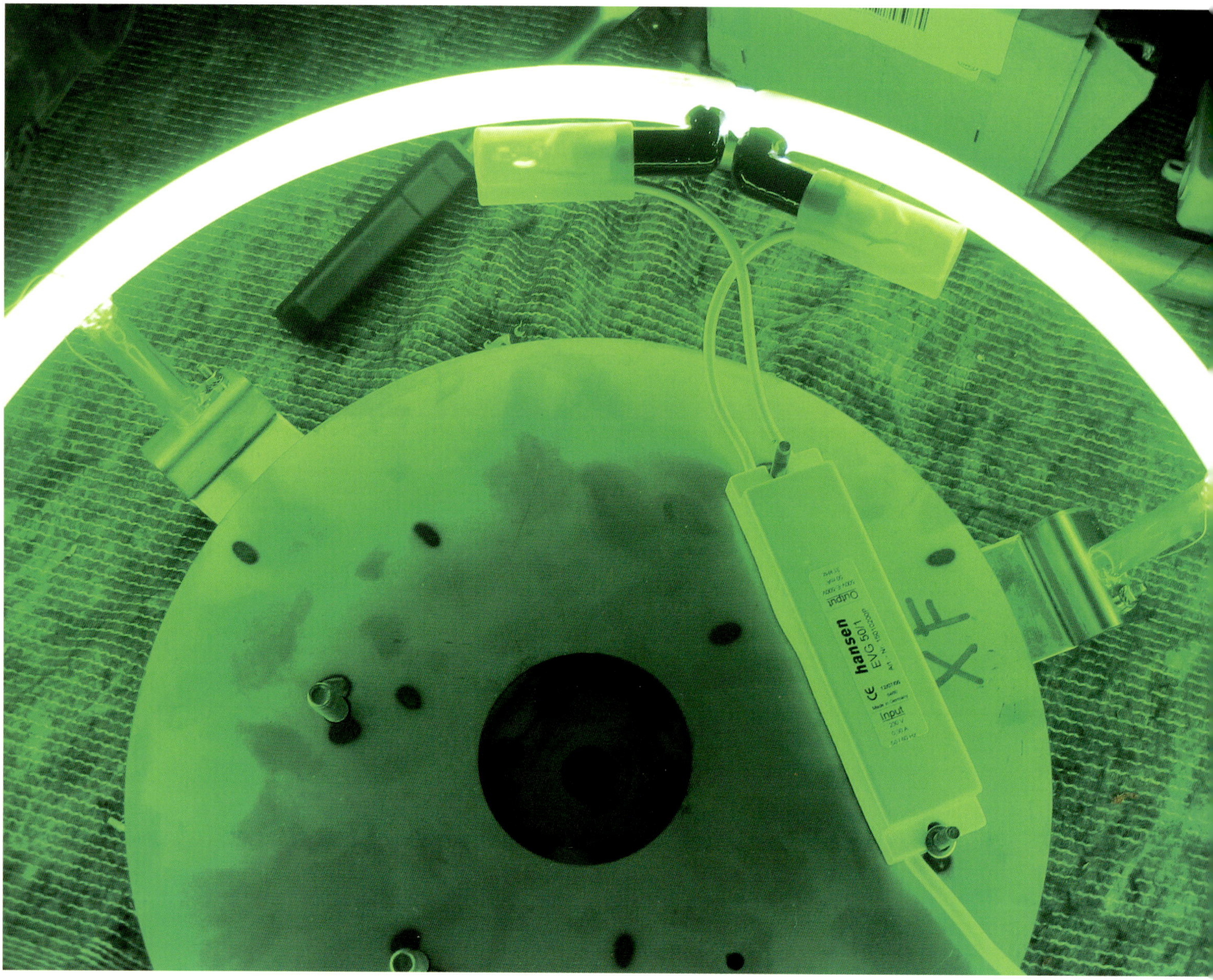

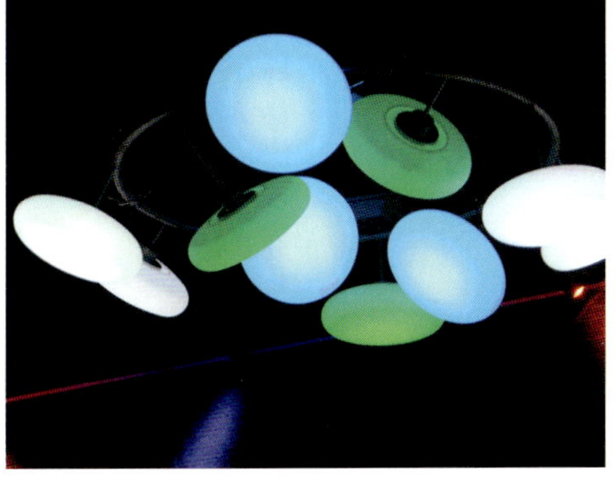

003

bonitos

foruminvest

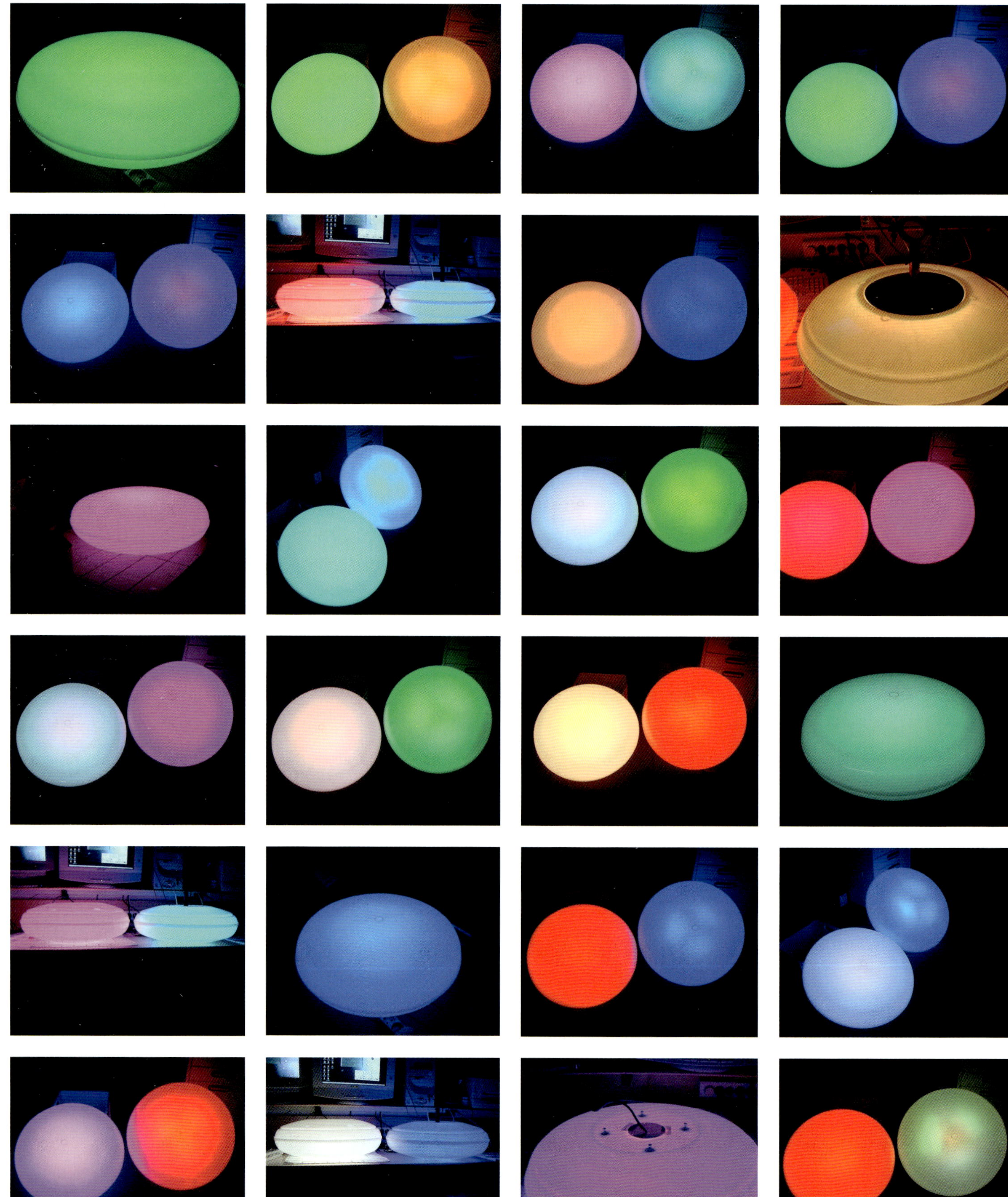

003

bonitos

foruminvest

residential street lighting for ypenburg (nl) in cooperation with act design. the bonitos, the former name of m&m's, lighten up the newly built residential area of ypenburg with revolutionary led technology. the colours fluctuate from yellow to orange and red, but also blue, green and white. the perfect proof that project building doesn't have to be boring at all. / **straatverlichting voor een woonwijk in ypenburg (nl) in samenwerking met act design. deze bonito's (de vroegere naam van m&m's) verlichten een recent gebouwde residentiële woonwijk in ypenburg met revolutionaire led-technologie. de kleuren variëren van geel tot oranje en rood, maar het palet bevat ook blauw, groen en wit. het ultieme bewijs dat projectontwikkeling helemaal niet saai hoeft te zijn.** / *éclairage urbain d'un nouveau quartier résidentiel d'ypenburg aux pays-bas avec la collaboration d'act design. ancien nom des m&m, ces bonitos à la technologie led révolutionnaire éclairent le nouveau quartier résidentiel d'ypenburg cette créativité aux couleurs changeantes du jaune, au blanc en passant par l'orange, le rouge, le bleu et le vert, est la preuve incontestable que l'élaboration d'un projet ne manque pas d'originalité.*

www.act-design.com
www.foruminvest.nl

Een goed ontwerp spreekt, werkt, ontroert en functioneert. Het gebruik ervan is telkens weer een mooie ervaring. Bovendien veranderen goede producten ons, omdat ze ons leren kijken en ontdekken en ons iets opnieuw aanleren en laten gebruiken. Hoe meer ik de origamistoel, de stationsklok of de verlichtingselementen van Stefan Schöning bekijk, hoe meer ik besef dat design een discipline is waarin de gemaakte keuzes moeten excelleren. De ontwerper Schöning beseft zeer goed dat zowel vorm- als materiaalkeuzes, en in tweede orde de productie-technologie, bepalend zijn voor het goed functioneren van producten. Het is niet de fabrikant, maar de ontwerper die het design 'maakt'. Een sofa, een stoel, een grillpan, een verlichtingselement, een kapstok, een rolwagen, een dampkap, buitenmeubilair, signalisatie, grafiek... het zijn gewone producten maar ze zijn 'goed' ontworpen, economisch en bescheiden en ze verwoorden een eigentijdse elegantie. Minimaal durf ik zijn werk niet te noemen. Zijn ontwerpen bevatten de juiste en essentiële elementen om ze onverwoestbaar functioneel te maken. Hij is de man van het gezond en rechtuit wikken en wegen van afmetingen, vormen en materiaalkeuzes. Hij beheerst de graad van afwerking die de industriële esthetiek van zijn producten bepaalt. Je voelt dat hij als ontwerper met zijn producten wil slagen bij de gebruiker en die gebruiker een prettig gevoel wil geven bij het bezit of gebruik ervan. Met deze kwaliteiten is het dan ook niet verwonderlijk dat hij door de Interieur Foundation werd verkozen tot Designer van het Jaar 2008.

Elke opdracht of eigen ontwerp wordt met grote zorgvuldigheid ingezet. Niet om uiteindelijk het ultieme esthetische detail te vinden, maar om de zoektocht naar het juiste comfort, het mooiste evenwicht, de functionele plooi en een keurig spel van lijn en kleur te vinden. Voor gadgeterie bedankt hij, net als voor het onbetaalbare, trendy of spraakmakende product. Zijn creaties zijn gewoon, gewoon goed en gebruiksvriendelijk. Ze bezitten de klassieke en functionele industriële schoonheid van een gedegen product anno today. Daarom hebben designprijzen in de loop der jaren dit talent weten te bekronen.

Dat bij het bekijken van een aantal van zijn producten zijn inbreng niet meteen wordt opgemerkt is een punt van waardering. Hij vecht tegen de anonimiteit van het ontwerp en de nodeloze vormfantasieën, omdat hij wil erkend worden voor de meerwaarden die hij een product — al is het een doodgewone zitbank — kan meegeven. Hij bekijkt zijn opdrachten met veel gezond verstand en een groot gevoel voor compromis. Hij is onbekend bij het grote publiek maar zijn collega's en opdrachtgevers bestempelen hem als een uitstekende industriële vormgever, een man van vorm én inhoud.

—

Moniek E. Bucquoye / designcriticus / commissaris / design at work

A good design tells a story, it works, it affects people, it functions and using it is a pleasant experience every single time. In addition to this, good products change our behaviour because they teach us to look at things, to discover things and to acquire and use new skills. The more I look at Stefan Schöning's origami chair, his railway station clock or his lighting designs, the more I realise that design is a discipline in which the choices that are made need to excel. The designer Schöning understands perfectly well that the choice of shape as well as materials and on a second level the production technology will determine whether products will function properly or not. It is not the manufacturer, but the designer who 'makes the design'. A sofa, a chair, a grillpan, lighting, a coatstand, a trolley, a cooker hood, outdoor furniture, signage, graphics... they are all just ordinary products but they have been 'well' designed, they are economic, modest and they represent a contemporary elegance. I would not say that his work is minimalist. His designs contain the right and essential elements needed to make them indestructibly functional. He is a man who uses common sense and is very straightforward in weighing up the pros and cons of dimensions, shapes and material choices. He masters a certain level of workmanship which determines the industrial aesthetics of his products. You notice that he, as a designer, wants his products to win with the end-user and that he wants the end-user to feel comfortable when owning or using one of his products. Bearing in mind all of the above qualities, it is hardly surprising that he has been elected Designer of the Year 2008 by the Interieur Foundation.

Every assignment or proprietary design is launched with utter precision. Not to finally find the ultimate aesthetic detail, but to embark upon a quest for the right level of comfort, the most beautiful balance, the functional folds and an exquisite combination of lines and colours. He is not interested in coming up with gadget-filled products nor unaffordable, trendy, luxury or high-profile products. His creations are simple, simply good and user-friendly. They radiate the classic and functional industrial beauty of a pure product 'anno today'. That is exactly why this talent has been crowned with design prizes in the course of the years.

The fact that his input is not obvious straight away when looking at some of his products, is to be seen as a token of appreciation. He fights the anonymity of the design and the useless fancy shapes, because he wants to be acknowledged for the added value he is able to give to a product — even if it is an ordinary sofa. He approaches his assignments with a lot of common sense and a wonderful intuition for what might be an achievable compromise. He might be unknown by the general public but his colleagues and commissioners describe him as an excellent industrial designer, a man of shape and contents.

—

Moniek E. Bucquoye / design critic / commissioner / design at work

Une bonne création parle, agit, émeut, fonctionne et son utilisation se transforme à chaque fois en une expérience de taille. Qui plus est, les bons produits nous changent car ils nous enseignent l'art d'observer, de découvrir et de réapprendre et réutiliser ces objets. Plus je regarde la chaise origami, l'horloge de gare ou l'éclairage de Stefan Schöning, plus je comprends que le design est une discipline dans laquelle les choix opérés doivent briller. Le créateur Schöning sait très bien que le choix des formes ainsi que du matériau et en second lieu la technologie de la production sont déterminants pour le bon fonctionnement du produit. Ce n'est pas le fabricant, c'est le créateur qui fait du design. Un fauteuil, une chaise, une poêle, un éclairage, un portemanteau, une chaise roulante, une hotte, du mobilier d'extérieur, la signalisation, les graphiques... voilà autant de produits simples par leur essence mais qui sont 'bien' dessinés, qui sont économiques, modestes, traduisant une élégance contemporaine. Je n'oserais qualifier son œuvre de minimaliste. Ses créations contiennent les éléments essentiels et appropriés pour leur conférer une fonctionnalité inébranlable. Voilà bien quelqu'un qui, l'esprit sain, pèse et pondère les dimensions, les formes et les matériaux. Il maîtrise à merveille le degré de finition si caractéristique de son esthétisme industriel. On sent que le cœur du créateur aspire au succès de ses objets auprès de l'utilisateur et qu'il souhaite ardemment que l'utilisateur ait du plaisir à posséder ou à utiliser ses créations. Avec toutes ces qualités, il n'est dès lors pas étonnant qu'il ait été élu designer de l'année 2008 par l'Interieur Foundation.

Chaque mise en chantier d'une commande ou d'une création propre se fait avec toute la minutie de rigueur. Non pas pour finalement trouver le détail esthétique ultime, mais pour aboutir au confort parfait, à l'équilibre le plus esthétique, au pli fonctionnel et à une interaction attrayante entre les lignes et les couleurs. Il refuse de verser dans le gadget et il s'interdit tout produit impayable, éphémère, luxueux ou populiste. Ses créations sont simples, simplement bonnes et faciles à l'usage. Elles respirent la beauté industrielle fonctionnelle d'un bon produit anno today. *Voilà pourquoi, au fil des ans, ce talent a su engranger les prix de design.*

S'il est vrai que son apport personnel dans un nombre de ses objets ne frappe pas d'emblée, il s'agit là justement d'un point qui mérite toute considération. Il lutte contre l'anonymat de la création, contre les caprices formels superflus, car il veut être reconnu pour la plus-value qu'il ajoute à un objet — fût-ce-t-il une simple chaise. Il aborde ses commandes l'esprit sain et avec un sens élevé du compromis réalisable. Il est inconnu du grand public, mais ses collègues et clients le qualifient d'excellent designer industriel, d'un homme maîtrisant la forme et *le contenu.*

—

Moniek E. Bucquoye / critique de design / commissaire / design at work

004

circus

schréder

public street lighting for zeebrugge (b). the playful design circus was inspired by the historical game of throwing rubber rings over a stick. / **straatverlichting in zeebrugge (b). dit speelse ontwerp is geïnspireerd op een eeuwenoud spel waarbij rubberen ringen over een stok worden gegooid.** / *éclairage public de zeebruges en belgique. cette conception, inspirée du célèbre jeu du lancer d'anneaux en caoutchouc sur une quille, a donné naissance au design malicieux de circus.*

www.schreder.com

durlet

john coltrane has had an enormous influence on entire generations of tenor saxophone players and other jazz musicians. his playing style can be described as intense and emotional. coltrane's solo performances during live concerts could last for an incredibly long time. the record is said to be 2 hours and 56 minutes. that's why i wanted to design a sofa in which you can stretch out and listen to his music for hours on end. / **john coltrane heeft een grote invloed uitgeoefend op hele generaties tenorsaxofonisten en andere jazz-musici. zijn speelstijl kan omschreven worden als intens en emotioneel. de solo's van coltrane tijdens live concerten duurden vaak heel lang; het record schijnt te staan op 2 uur en 56 minuten. vandaar dat ik een zetel wilde ontwerpen waarin je languit en urenlang kan genieten van zijn muziek.** / *john coltrane a exercé une grande influence sur des générations entières de saxophonistes ténors et d'autres musiciens du jazz. son style peut être qualifié d'intense et émotionnel. les solos de coltrane lors de ses concerts sur scène pouvaient durer longtemps. le record serait de 2 heures et 56 minutes. voilà pourquoi j'ai voulu créer un fauteuil permettant de s'étendre langoureusement et d'écouter sa musique pendant de longues heures.*

www.durlet.be

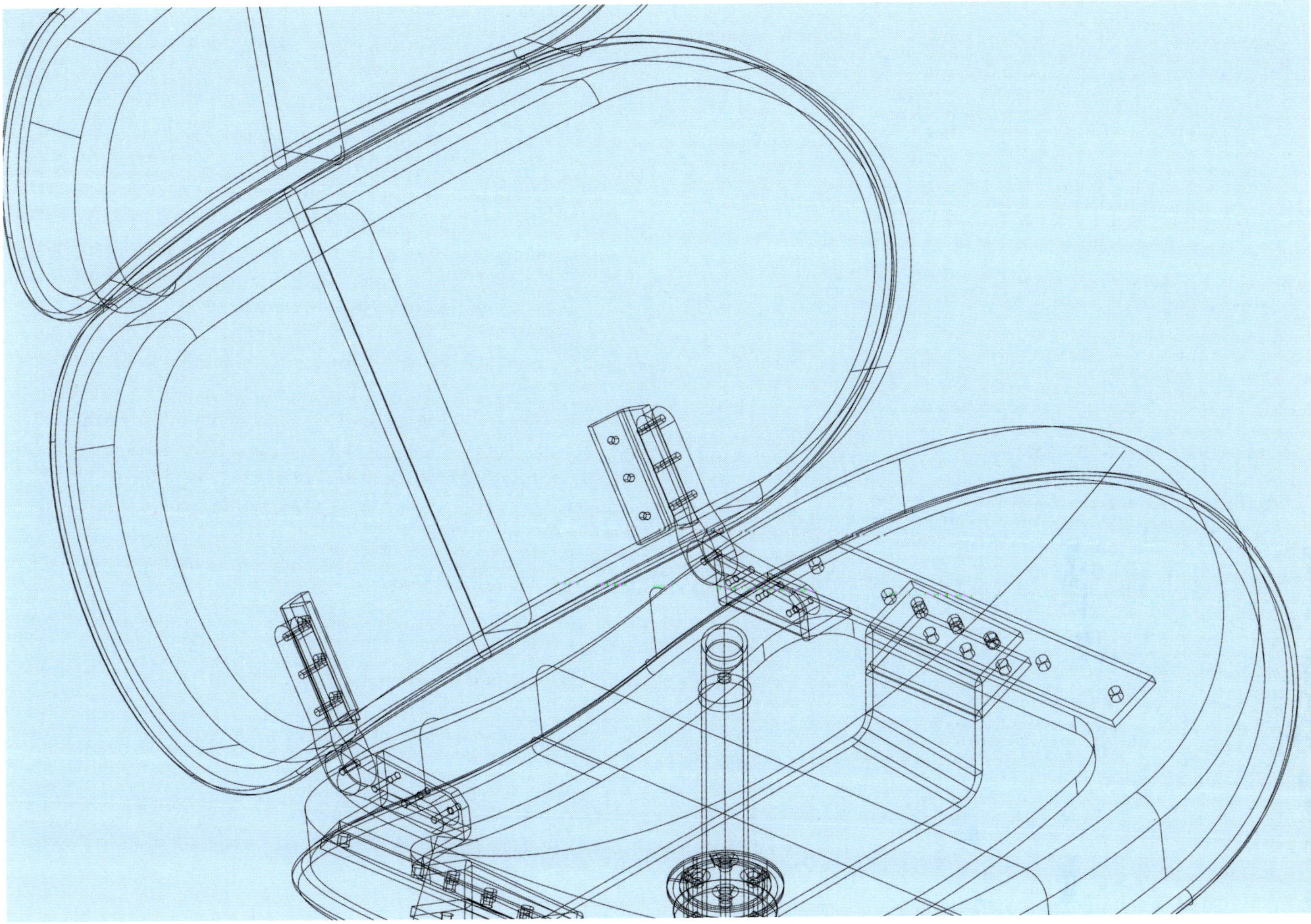

005

coltrane

durlet

Verkozen worden tot Designer van het Jaar is zowel een eer, een uitdaging als een opgave. Een eer, want daaruit blijkt dat mensen je werk en je creativiteit waarderen. Een uitdaging, want je moet een bepaald kwaliteitsniveau behouden en zelfs je ontwerpniveau nog verbeteren. Maar ook een opgave, want je werk zal bestudeerd worden door jonge studenten die willen leren van je ideeën en inzicht willen krijgen in jouw concept van design.

In zover ik hierover kan oordelen, combineert Stefan bepaalde opvattingen over design waaronder de goede oude Bauhaus-ideeën, zonder daarbij voorbij te gaan aan het feit dat een ontwerp functioneel moet zijn en zowel rekening moet houden met de behoeften van de gebruikers als met de verwachtingen van de klant. Een goede verkoop maakt hier deel van uit want uiteindelijk is dat nog steeds de voornaamste doelstelling van welke onderneming ook.

Stefans werk is goed gestructureerd daar waar dat nodig is, en speels indien het concept zich daartoe leent. De keuze van de materialen en kleuren is weloverwogen en de uiteindelijke kwaliteit van elk product is steeds verzekerd. Ik denk dat hij alle kwaliteiten in huis heeft waarover een goede designer moet beschikken. Hij stelt zich op als een partner die met de klant samenwerkt aan gemeenschappelijke doelstellingen, die zich in zekere mate verantwoordelijk voelt voor zijn deel van het resultaat — of het nu een succes is of niet.

Ik kijk enorm uit naar zijn toekomstige projecten maar momenteel wens ik hem veel geluk en feliciteer ik hem van harte!

—

Ralph Wiegmann / directeur / iF International Forum Design

Être élu Designer de l'Année est un honneur, un défi et en même temps un devoir. Un honneur parce qu'il semble que les gens respectent vos œuvres et votre créativité. Un défi parce que nous devons constamment maintenir un niveau de qualité tout en perfectionnant nos nouvelles créations par rapport aux anciennes. Enfin, un devoir parce que les jeunes étudiants étudieront peut-être votre travail à l'avenir, apprendront à s'inspirer de vos idées et essaieront de suivre votre concept du design.

Autant que je puisse dire, Stefan associe certaines optiques du design, notamment celles du bon vieux Bauhaus, sans pour autant négliger son objectif: non seulement servir les besoins des utilisateurs mais également répondre aux exigences des clients, aspect commercial inclus, puisque cela constitue encore l'intérêt majeur de toute corporation.

Le travail de Stefan est bien structuré, si besoin est, ou malicieux si le concept s'y prête. Le choix des matériaux et des couleurs ne manque pas d'ingéniosité et la qualité finale de chaque produit est toujours garantie. On peut donc conclure que Stefan possède toutes les qualités d'un designer. Partenaire de ses clients par un travail sur des cibles et objectifs communs, il se sent responsable d'une certaine partie du résultat, que celui-ci soit une réussite ou un échec.

J'ai hâte de connaître ses futurs projets mais pour l'instant, je lui transmets mes meilleurs vœux et lui dis 'félicitations, Stefan!'.

—

Ralph Wiegmann / directeur / iF International Forum Design

To be elected as a Designer of the Year is an honour, a challenge and a duty at the same time. An honour, as people seem to respect your work, your creativity. A challenge, as you have to keep up your quality-level and even have to improve your designs compared to the past. And a duty, as young students may study your work, learn from your thoughts and try to follow your design concept.

As far as I can say Stefan combines certain views on design including the good old Bauhaus ideas without neglecting the fact that design should be functional and follow not only the user's needs but the clients' expectations as well. This includes good sales as this is still the primary interest of any corporation.

So Stefan's work is well structured, when needed, and playful if the concept lends itself to it. The use of materials and colours is well chosen and the final quality of each product is always assured. I guess he is what a designer should be: a partner for the client, working on common targets and goals, feeling partly responsible for the result — be it a success or a failure.

I eagerly look forward to coming projects but right now I send my best regards and say 'Congratulations, Stefan!'

—

Ralph Wiegmann / managing director / iF International Forum Design

from times immemorial the european or international railway organisations tried to inspire their members-railway companies, particularly those concerned with the transport of passengers, to create an image for their costumers and the outside world that was as homogenous as possible. this way every individual, whatever his/her origin, would be submerged in a recognisable atmosphere and he/she would be confronted with clear and uniform messages. meanwhile however, the railways were caught up in the consequences of increasing liberalisation and competition. it became essential for many neighbouring railway companies to 'stand out', not just by introducing different levels of service, but also by applying striking remodelling. this evolution began with international high-speed traffic that, owing to years of intensive preparations, soon became the market leader on a number of important european connections. but competing companies in national traffic, too, needed a clearly differentiated appearance. / ***van oudsher poogden de europese of internationale spoorwegmaatschappijen hun leden-spoorwegmaatschappijen, vooral die voor personenvervoer, ertoe te bewegen naar de klanten en naar de buitenwereld toe een zo homogeen mogelijk imago te creëren. dit zou elk individu, van welke herkomst ook, in een steeds herkenbare atmosfeer dompelen en hem/haar met duidelijke en eenvormige boodschappen confronteren. de spoorwegen werden ondertussen echter meegezogen in de gevolgen van een toenemende liberalisering en concurrentie. het 'zich onderscheiden van de andere', niet alleen door verschillende niveaus van kwaliteitsverlening maar ook door een opvallende vormgeving, werd voor verschillende spoorbedrijven een essentieel gegeven. de evolutie begon bij het internationale hogesnelheidsverkeer, dat dankzij jarenlange intense voorbereiding, snel marktleider werd op een aantal belangrijke europese verbindingen. maar ook de concurrerende bedrijven in het binnenlandse verkeer van een aantal europese landen hadden nood aan een duidelijk gedifferentieerde verschijningsvorm.*** / depuis toujours, les associations ferroviaires nationales ou internationales ont tenté d'encourager leurs membres – les sociétés ferroviaires et en particulier celles chargées du transport des personnes – à se forger une image de marque aussi homogène que possible face aux clients et à l'ensemble du grand public. ainsi, chaque individu, quelle que soit sa provenance, serait plongé dans une atmosphère toujours reconnaissable qui le confronterait à des messages clairs et uniformes. mais depuis, le chemin de fer a été aspiré par les suites d'une libéralisation et d'une concurrence croissantes. le besoin de 'se distinguer par rapport à l'autre', non seulement à travers différents niveaux de services de qualité, mais aussi par un design frappant, est devenu, dans ce contexte de différentes entreprises ferroviaires voisines, une donnée essentielle. l'évolution a commencé avec l'arrivée du trafic international à haute vitesse qui, grâce à des années de préparation intense, est rapidement devenu le leader du marché sur un nombre de lignes européennes importantes. mais les entreprises en concurrence sur le marché du trafic national dans certains pays européens aussi ont ressenti ce besoin de se distinguer clairement.

leo pardon / honorary director general / nmbs-sncb

Spoor
Voie
Gleis
Platform
1▸6
Alle diensten
Tous services
Alle Dienste
All services

FABOR
Centrum

i
WC

HENRY VAN DE VELDE
LABEL 2006

iF
product
design
award
2007

reddot design award
winner 2007

jump ticket: gecomb
vervoerbewijs!

tickets
B
tickets
B
THALYS
TGV

LOKET 1
enkel binnenland
Welkom! Bert bedient u
promoties Ardennen en Kust
vraag info!
loket 1
B

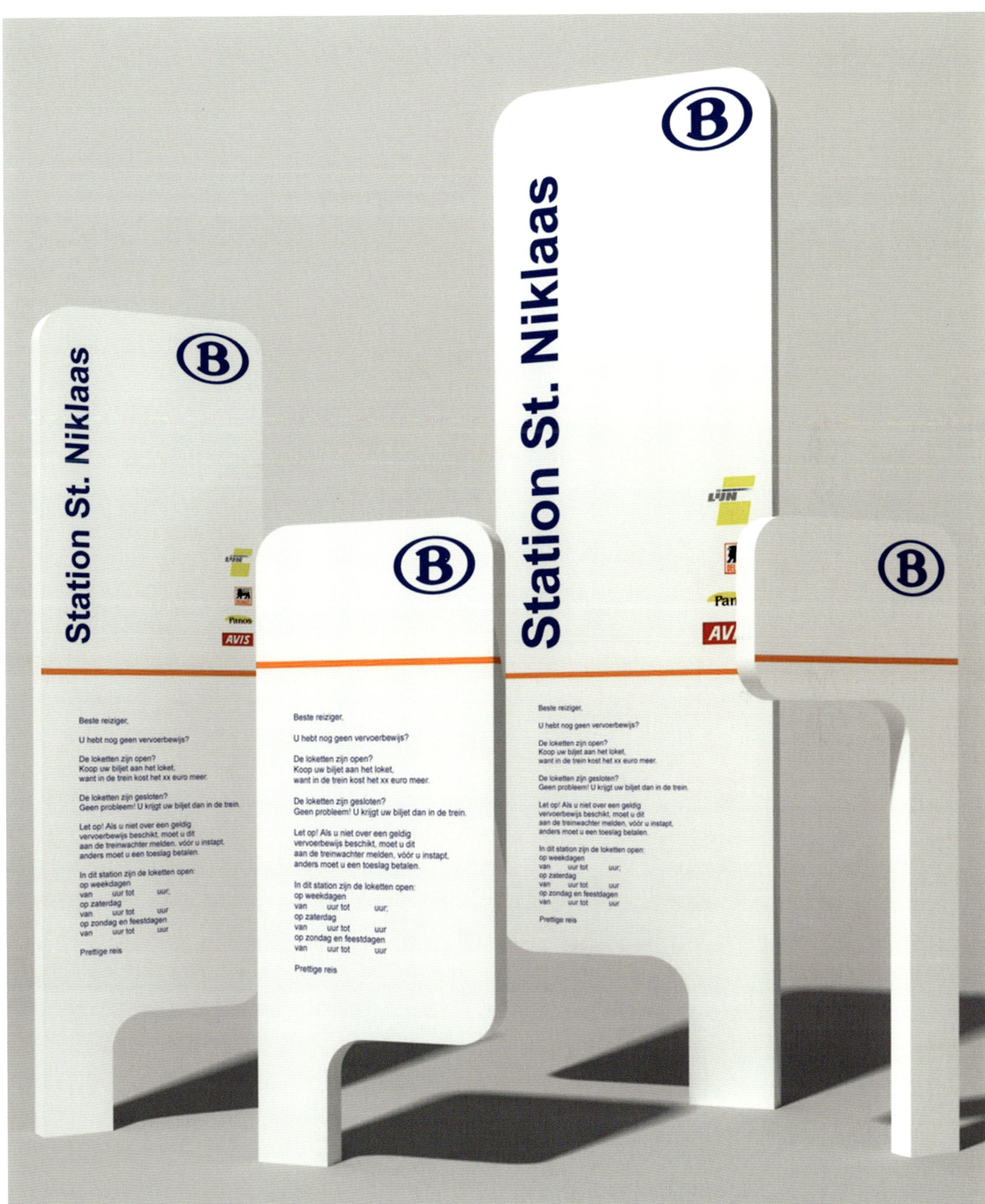
Station St. Niklaas
B
AVIS
Beste reiziger,
U hebt nog geen vervoerbewijs?
De loketten zijn open?
Koop uw biljet aan het loket,
want in de trein kost het xx euro meer.
De loketten zijn gesloten?
Geen probleem! U krijgt uw biljet dan in de trein.
Let op! Als u niet over een geldig
vervoerbewijs beschikt, moet u dit
aan de treinwachter melden, vóór u instapt,
anders moet u een toeslag betalen.
In dit station zijn de loketten open:
op weekdagen
van uur tot uur;
op zaterdag
van uur tot uur
op zondag en feestdagen
van uur tot uur
Prettige reis

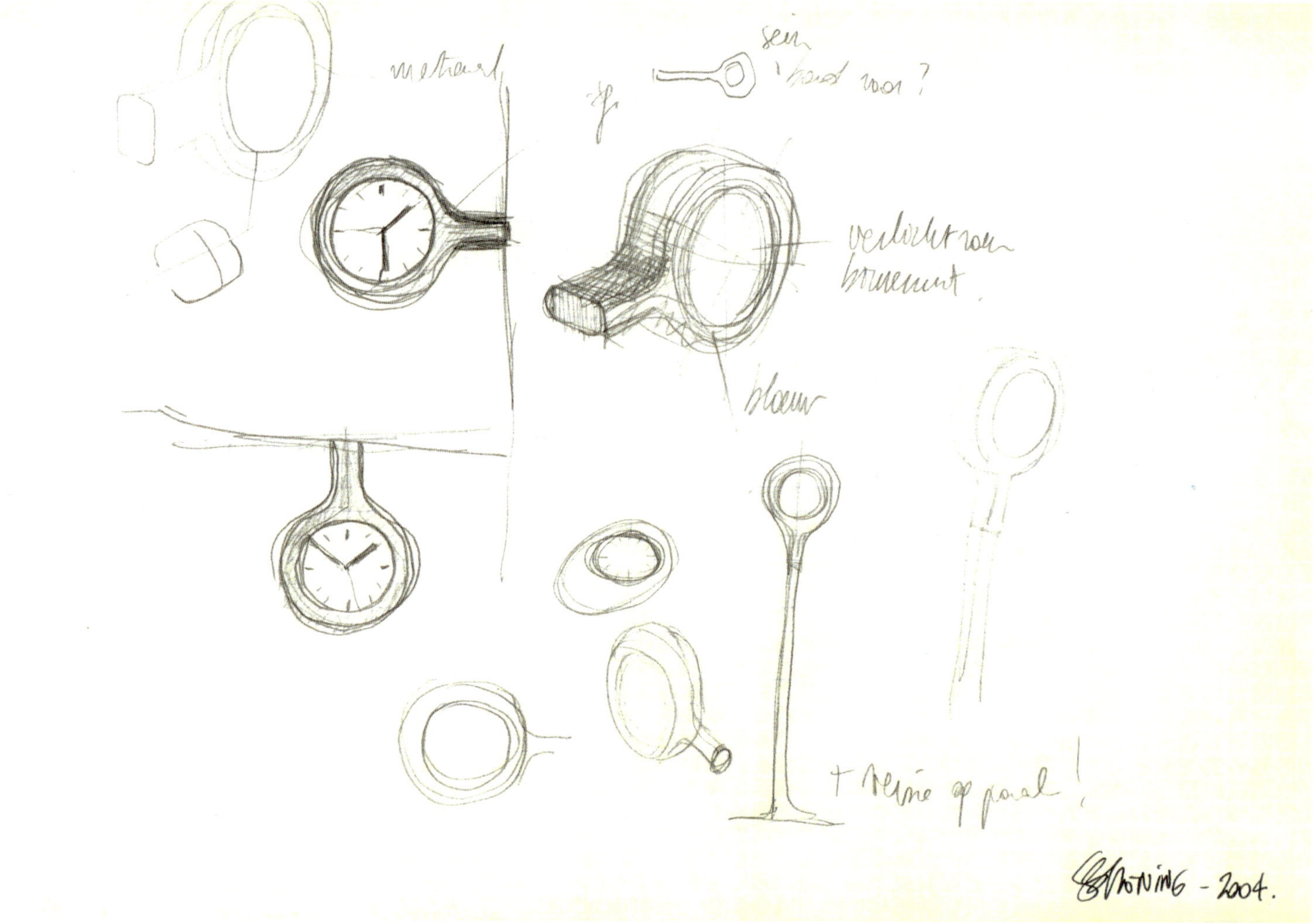

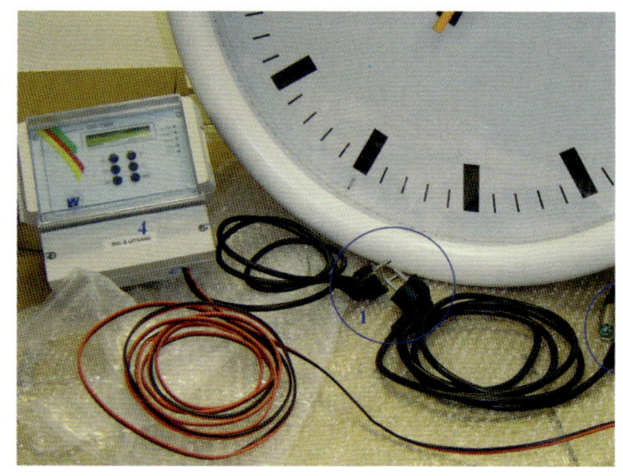

railway stations have always been a meeting point for passengers, travellers and people who are on the move, all of them sharing different experiences. corporate design helps to create an environment to stimulate this kind of experience. travel accommodations should easily be found, providing the passenger with comfort and a good feeling. buying a ticket or getting to the right platform is not indicated obtrusively, but clearly and in a professional way. consequently, the design is present in the details of all items: the beacon outside, information columns, travel time tables, ticket vending machines, ticket windows, pictogram signs and last but not least the railway clock. this design is corporate for all stations and therefore flexible in its construction. all designs are non-architectural features which are added to existing situations of various kinds: historic buildings with great architectural value, but also new stations in which the design is integrated without any compromise, nor from an architectural point of view, nor from the corporate design origin. / **treinstations zijn altijd al een ontmoetingsplaats geweest voor passagiers, reizigers en mensen die onderweg zijn, elk met hun eigen ervaringen. een huisstijl kan helpen om een omgeving te creëren waarin deze ervaringen gestimuleerd worden. reizigersvoorzieningen moeten makkelijk gevonden worden, de passagier het nodige comfort bieden en hem/haar een goed gevoel geven. de loketten en de perrons worden op een professionele, duidelijke en rustige manier aangegeven. vandaar dat de huisstijl terug te vinden is in de details van alle informatiedragers: het baken met logo buiten, onthaalzuilen, dienstregeling, ticketautomaten, loketten, pictogrammen en niet te vergeten de stationsklok. opdat voor alle stations een toepasbare oplossing mogelijk zou zijn, is elk ontwerp in zijn uitwerking zo flexibel mogelijk gemaakt. alle ontwerpen bestaan uit niet-architecturale elementen die aan bestaande situaties kunnen toegevoegd worden: zowel in historische gebouwen van grote architecturale waarde, als ook in nieuwe stations kan de huisstijl compromisloos worden geïntegreerd, dit zowel vanuit architecturaal oogpunt als vanuit het belang van de nieuwe huisstijl.** / *les gares sont depuis longtemps un lieu de rencontre pour les passagers, les voyageurs et les personnes en route et tous partagent des expériences différentes. un design uniforme permet de créer un environnement susceptible d'encourager ce type d'expérience. les accommodations pour les voyageurs se trouvent facilement et assurent au passager le confort requis et une sensation de bien-être. les guichets et les quais sont indiqués de manière claire et professionnelle. le design est présent de manière conséquente dans les moindres détails: des balises à l'extérieur, des kiosks informatifs, des horaires de départ et d'arrivée, des distributeurs de billets, des guichets, des pictogrammes et bien sûr une horloge de gare. ce design est commun à toutes les gares, tout en étant de construction flexible. le design est composé d'éléments non architecturaux qui sont ajoutés aux différents types de situations existantes – les bâtiments historiques de grande valeur architecturale ainsi que les gares récentes dans lesquelles le design est implémenté sans compromis aucun, ni du point de vue architectural, ni du point de vue de l'image de marque.*

www.b-rail.be

Through his young and versatile creative talent, designer Stefan Schöning was confronted with the Belgian Railways — unexpectedly not only for the commissioner but also for the contractor.

In 2004 the Belgian Railways organised a competition for 'Creating a corporate identity for the Travellers' Operator/Travellers' Reception'. A jury consisting of a mixed internal/external and multi-disciplinary team selected Stefan Schöning as the laureate from a large number of renowned designers. His proposal was strikingly creative and original. The design itself was probably rather daring for a traditional railway environment: internal and external reactions were bound to come and so they did. Two railway stations were equipped as a test launch and the results were extremely convincing, so the unanimous verdict was: carry on!

The trend towards creating a clear corporate identity on the one hand and correctly assisting the railway customers on the other hand through tailor-made communication and guidance is irreversible. Specialists in this area, who look at these issues with an open mind, are an indispensable source to draw on.

Stefan Schöning — Designer of the Year 2008, an achievement for which we extend our hearty congratulations — shows them the shining way...

—

Leo Pardon / **honorary director general** / **NMBS-SNCB**

Le jeune talent créatif polyvalent du designer Stefan Schöning l'a mis en relation, de manière inattendue pour le donneur d'ordre mais aussi pour le réalisateur, avec les chemins de fer belges.

En 2004, la SNCB a lancé un concours pour 'la création d'une identité propre pour l'Opérateur Voyageurs/Accueil des voyageurs'. Un jury mixte interne/ externe et multidisciplinaire a élu Stefan Schöning comme lauréat parmi une pléthore de concepteurs. Son envoi était d'une créativité et d'une originalité saisissantes. Certes le projet pouvait sembler plutôt audacieux pour un environnement aussi traditionnel que celui des chemins de fer; les réactions internes et externes ne devaient donc pas se faire attendre. Or, les résultats de l'équipement de deux gares à titre d'essai se traduisirent par une conviction inébranlable: poursuivons!

La tendance à créer une image de marque claire d'une part et à assister de manière correcte les voyageurs au moyen d'une communication et d'un accompagnement appropriés, est irréversible. Les spécialistes en la matière, disposés à aborder cette problématique l'esprit ouvert, représentent à cet effet une source indispensable.

Stefan Schöning — Designer de l'année 2008 et nous l'en félicitons — leur montre le sentier lumineux...

—

Leo Pardon / **directeur général honoraire** / **NMBS-SNCB**

Het jonge, veelzijdige creatieve talent van designer Stefan Schöning bracht hem, onverwacht voor zowel de opdrachtgever als de uitvoerder, oog in oog met de Belgische Spoorwegen.

In 2004 schreef de NMBS een wedstrijd uit voor het 'Creëren van een eigen identiteit voor de Operator Reizigers/Onthaal van de reizigers'. Een gemengde interne/externe en multidisciplinair samengestelde jury verkoos Stefan Schöning als laureaat uit een groot aantal gerenommeerde designers. Zijn voorstel was opvallend creatief en origineel. Het ontwerp was wellicht nogal gewaagd voor een traditionele spoorwegomgeving; interne en externe reacties bleven dan ook niet uit. De resultaten van het uitrusten van twee stations bij wijze van proef waren echter overtuigend: doorgaan!

De trend naar het creëren van een duidelijk imago enerzijds en het correct begeleiden van de spoorklanten door middel van een aangepaste communicatie en sturing anderzijds, is onomkeerbaar. Specialisten terzake die de problematiek met open geest benaderen, zijn daarbij een onontbeerlijke bron.

Stefan Schöning — Designer van het Jaar 2008, waarvoor onze gelukwens — wijst hen het lichtende pad...

—

Leo Pardon / ere-directeur generaal / NMBS-SNCB

007 crown **desalto**

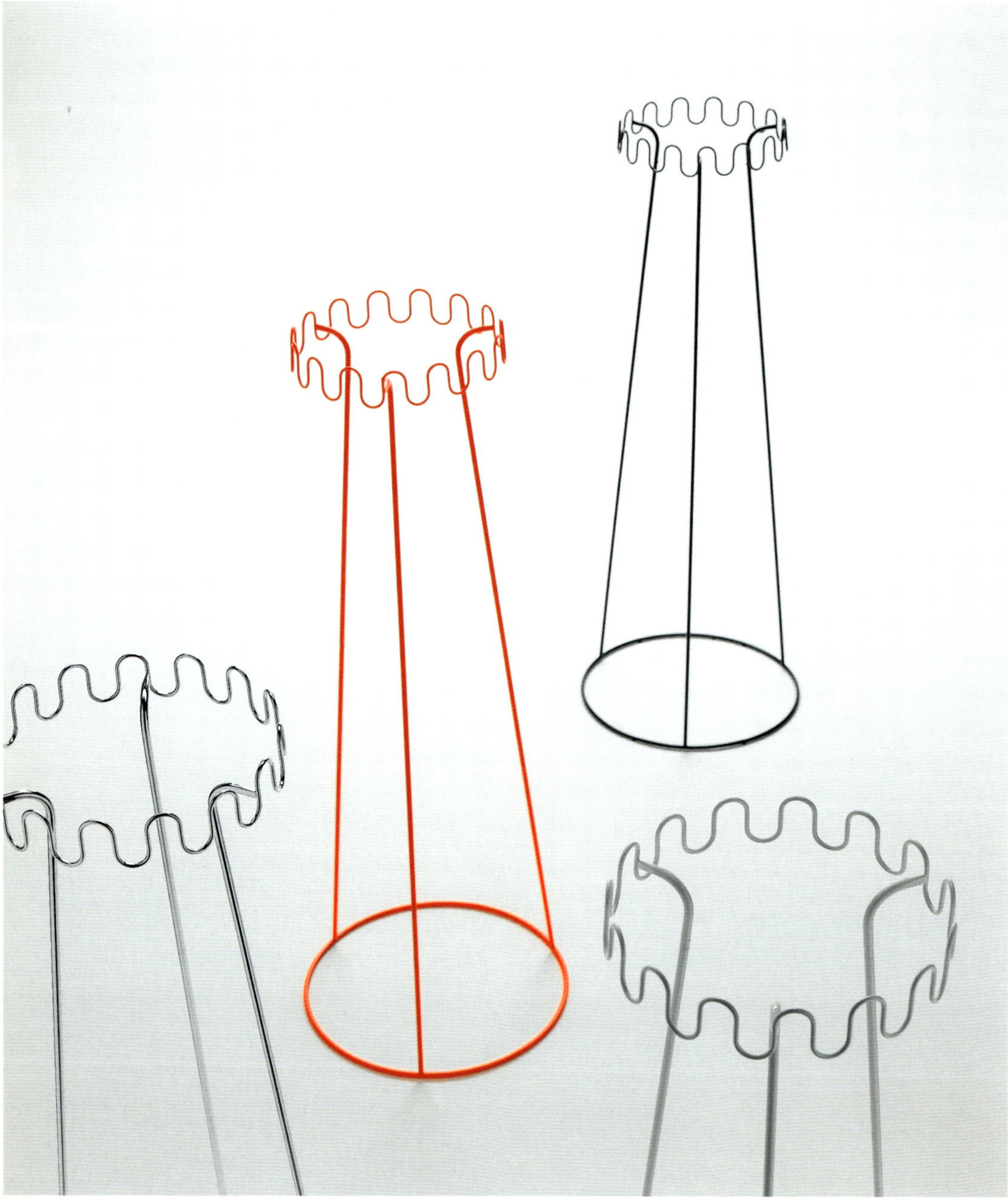

007

crown

desalto

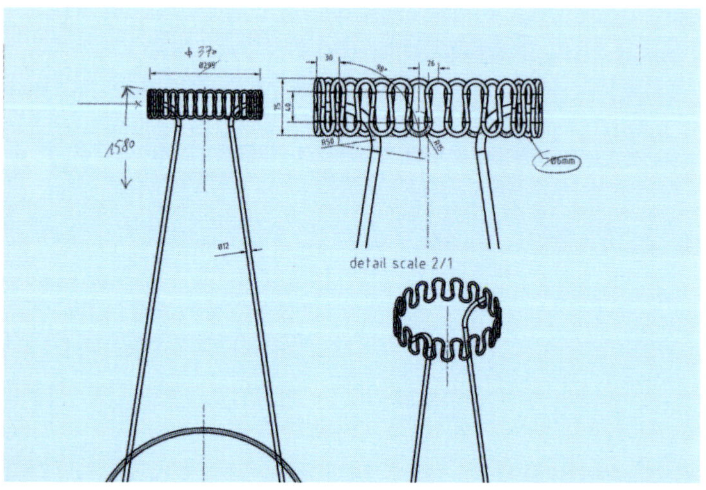

007

crown

desalto

the infinite form of the floating crown as a metaphor for the task of this product: to receive an endless line of guests. / **de oneindige vorm van een zwevende kroon als metafoor voor de taak van dit product: een oneindige rij gasten verwelkomen.** / *cette couronne flottante à la ligne infinie, métaphore du tâche de cette portemanteau: recevoir un nombre illimité d'invités.*

www.desalto.it

Stefan Schöning era considerato uno dei nuovi designer 'emergenti' e Desalto, sempre attenta al design che coniuga creatività e funzionalità e aperta alla possibilità di collaborazioni nuove e stimolanti, lo coinvolge subito. Allora viene contattato da Desalto nel 2002 e viene invitato a disegnare senza vincoli di sorta un prodotto nuovo per l'azienda.

Nascono una serie di proposte e alla fine viene messo in produzione l'appendiabiti Crown, così nominato per la forma della struttura che culmina con una 'corona'. Un prodotto tutt'oggi di successo che ben rappresenta lo spirito dell'azienda che premia idee originali e funzionali, spirito che Stefan Schöning ha avuto il merito di comprendere e interpretare.

—

Walter Orsenigo / titolare & direttore artistico / Desalto

As a young designer, Stefan Schöning was considered one of the emerging talents. Desalto, always attentive to design that combines creativity and functionality, and open to the possibility of new and exciting collaborations, brought him in straight away in 2002, inviting him, without restrictions of any sort, to design a new product for the company.

He developed a series of proposals of which his *Crown* coat-stand, so named because its structure culminates in a 'crown', was put into production. This product is still successful today, and well represents the spirit of our firm, which rewards original and functional ideas. This is a spirit that Stefan Schöning had the merit to understand and interpret.

—

Walter Orsenigo / manager & art director / Desalto

Als jonge designer werd Stefan Schöning beschouwd als een van de meest veelbelovende talenten. Desalto, dat een zwak heeft voor design waarin creativiteit en functionaliteit met elkaar vermengd zijn, en altijd te vinden is voor een nieuw en opwindend samenwerkingsproject, aarzelde niet om hem in 2002 binnen te halen. Hij werd uitgenodigd om een nieuw product voor de onderneming te ontwerpen, zonder hem hierbij aan banden te leggen.

Hij werkte een reeks voorstellen uit, waarvan uiteindelijk zijn kapstok *Crown*, zo genoemd omdat hij uitloopt op een 'kroon', in productie werd genomen. Dit product is vandaag nog steeds succesvol en geeft goed de 'spirit' van onze firma weer, die originele en functionele ideeën beloont. Stefan Schöning heeft deze 'spirit' bijzonder goed begrepen en gaf hieraan zijn eigen interpretatie.

—

Walter Orsenigo / zaakvoerder & art director / Desalto

one-off / one manabì dream — beauty singular plural

this chair is the result of a design i made for the occasion of the triennial for design 'beauty singular-plural', which took place in the royal museums of art and history in brussels. the designers were asked to confront their work with historic pieces from the museum. while viewing the historic collection of the museum i immediately noticed the inca chair. the obvious functional aspects but also the feelings it evoked in me on first sight made me return to this choice every time. it reminded me of an object from a cartoon (tintin, mortimer & blake) that had been brought to life, or a visit to some museum of history during my youth. the functional aspect which is translated in the choice of the material (porous rock) and the depicted theme of the crouched indian are the basis of this chair with armrests. i wanted to extract those two emotions from this object by creating a new one that was inspired by its shape, but stripped of its function by allowing the design to 'whiz' through space like a kind of third dimension (function, sense of time, space). the new design shapes the contours of the chair, is suspended at different heights above the existing object and has been executed in different colours and sizes.

deze stoel is het resultaat van een ontwerp dat ik heb gemaakt in het kader van de triënnale voor vormgeving 'beauty singular-plural', die plaatsvond in de koninklijke musea voor kunst en geschiedenis in brussel. aan de ontwerpers werd gevraagd hun werk te confronteren met historische stukken uit het museum. bij het bekijken van de historische collectie van het museum viel de *incazetel* mij onmiddellijk op. zowel het voor de hand liggende functionele aspect als de emoties die het object opriep toen ik het voor het eerst zag, brachten mij steeds terug tot deze keuze. het deed mij denken aan een tot leven geroepen voorwerp uit een stripverhaal (kuifje, mortimer & blake, ...) of een jeugdig bezoek aan een of ander historisch museum. het functionele aspect, dat zich vertaalt in het materiaalgebruik – een poreuze steensoort – en het afgebeelde thema van de hurkende indiaan vormen de basis van deze zetel met armsteunen. ik wilde beide aspecten tot uiting brengen door een nieuw voorwerp te maken dat vormelijk geïnspireerd is, maar dat van zijn functie ontdaan wordt door het ontwerp in de ruimte te laten 'zoeven' als een soort derde dimensie (functie, tijdsgevoel, ruimte). het nieuwe ontwerp vormt de contouren van de zetel, hangt op verschillende hoogtes boven het bestaande object en werd uitgevoerd in verschillende kleuren en groottes.

ce siège est le résultat d'un projet que j'ai créé dans le cadre de la triennale du design 'beauté singulier-pluriel' qui a eu lieu dans les musées royaux de l'art et de l'histoire à bruxelles. il avait été demandé aux créateurs de confronter leur œuvre aux pièces historiques du musée. lorsque je suis allé voir la collection historique du musée, j'ai d'emblée été frappé par le fauteuil inca qui me semblait un objet intéressant. tant son aspect fonctionnel évident que l'évocation suscitée par l'objet lorsque je le vis pour la première fois, ne cessaient de me faire retourner à lui. il me faisait songer à un objet d'une bande dessinée (tintin, mortimer & blake...) ayant pris vie ou à ma visite à un musée historique dans ma jeunesse. l'aspect fonctionnel qui se traduit dans l'utilisation du matériau – une sorte de pierre poreuse – et le thème évoqué de l'indien accroupi constituent la base de ce fauteuil avec appuis. je souhaitais faire sortir ces deux sensations en dessinant un nouvel objet d'inspiration formelle, mais dénué de sa fonction, en faisant 'filer' la (les) création(s) dans l'espace comme une sorte de troisième dimension (fonction, sens du temps, espace). la nouvelle création forme les contours du fauteuil, ses éléments sont suspendus à différentes hauteurs au-dessus de l'objet existant et sont réalisés en différentes couleurs et en dimensions variées.

www.kmkg-mrah.be

www.designflanders.be

008

de loketten

flemish parliament

in cooperation with giuseppe farris / **in samenwerking met giuseppe farris** / *en coopération avec giuseppe farris*

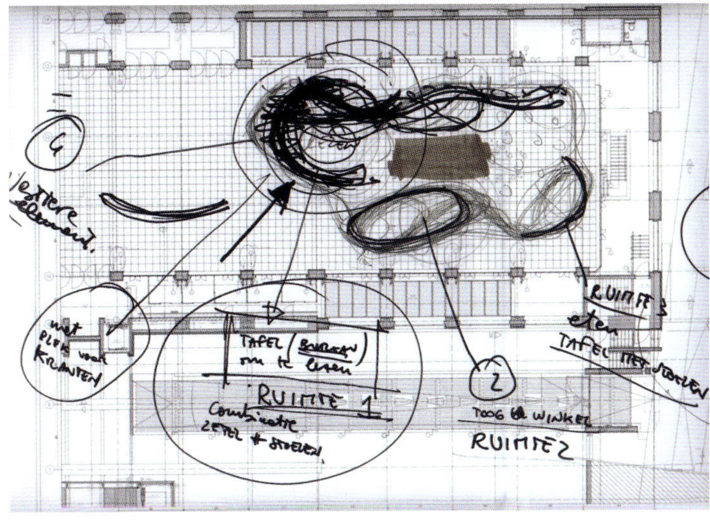

the counter room in the flemish parliament in the former postcheque building in brussels was designed by architect victor bourgeois in 1937. in his original design he already planned a public function for this room. bourgeois considered the counter room as the most symbolic space in the building, the place where administration would meet the general public. it was supposed to radiate the postcheque's power. the large size of the room (78x22x8m) was meant to copy the dimensions of the streets in the city to create a public inner space. bourgeois elaborated on this idea by using similar materials for the inner walls to those used for the outer walls. during the restoration and redecoration of the postcheque building for the flemish parliament, the counter room was completely restored. following the original plans, the flemish parliament wants to turn the counter room into a flemish meeting place in brussels once again, a 'covered market square' where a number of functions – essential for emphasising the transparency and openness of the flemish parliament – will take place in a carefully considered combination: a corner for reading and information, a parliament shop, a brasserie and an area for exhibitions and/or lectures, debates, cultural events. the service provider sees this project as representative for the flemish parliament and for flanders as a whole. the concept for the decoration of the counters is based on the idea of a pavilion that is placed in the space as a loose element. to enforce this, it is built on a platform. the chosen materials and the indirect lighting under the platform reinforce the distance to existing architecture. to stimulate the transparency and the interaction with the building, the edges of the platform are not parallel with the existing building. building on a floor enables better experience of the scale of the building seen from the ground floor as well as from the duplex. this way the building is experienced from different points of view. the brasserie will be built around the existing infrastructure of the bar which is placed centrally, but currently it cannot sufficiently serve the surrounding area. for this reason a platform will be built around the bar that will define it better in space and will allow for better organisation of circulation. its transparency with views on the counters and the light that enters that way will yield more benefits from this central position. the existing utilities such as toilets and storage will remain accessible. by building a duplex, the used surface is limited and extra functions can be created. the space upstairs can now be used to receive groups separately and if needed it can be closed for projections, lectures, etc. the duplex also enables interaction with the outside world. the upstairs floor can be accessed via a wide staircase that is also equipped with a folding platform elevator. this way, the new facility remains accessible for wheelchair users. to improve the functions of self-service, ordering drinks and paying, the cooling counter is placed underneath the duplex. the area around the bar is kept empty to ensure optimal circulation. behind the cooling counter is an extra closed storage room that can be entered from the platform as well as from the ground floor. /

de lokettenzaal van het vlaams parlement in het voormalige postchequegebouw in brussel werd in 1937 ontworpen door architect victor bourgeois. in zijn oorspronkelijke ontwerp kende hij deze zaal reeds een publieke functie toe. bourgeois zag de lokettenzaal als de meest symbolische ruimte van het gebouw, de plaats waar de administratie in contact kwam met het publiek. het diende de kracht van de postcheque uit te stralen. het grote volume van de zaal (78x22x8m) had als doel de dimensies van de straten van de stad in het gebouw over te nemen om zo een publieke binnenruimte te creëren. deze gedachte werkte bourgeois verder uit door de binnenwanden van de zaal af te werken met dezelfde materialen die voor de buitengevels gebruikt werden. bij de restauratie en herinrichting van het postchequegebouw voor het vlaams parlement werd de lokettenzaal volledig gerestaureerd. aansluitend bij het originele doel wil het vlaams parlement van de lokettenzaal opnieuw een vlaamse ontmoetingsplaats in brussel maken, een 'overdekt marktplein' waar een aantal functies – essentieel om de transparantie en openheid van het vlaams parlement te beklemtonen – in een weloverwogen combinatie aan bod komen: een lees- en informatiehoek, een parlementswinkel, een brasserie en een ruimte voor tentoonstellingen en/of voordrachten, debatten en culturele evenementen. de dienstverlener beschouwt dit project als een visitekaartje voor het vlaams parlement en vlaanderen.

het concept voor de inrichting van de loketten is gebaseerd op het idee van een paviljoen dat als een los element in de ruimte geplaatst wordt. om dit te versterken wordt het geheel op een verhoogde vloer gebouwd. de keuze van de materialen en de indirecte verlichting onder de verhoogde vloer versterken de afstand van de bestaande architectuur. om de transparantie en de interactie met het gebouw te stimuleren, lopen de randen van het platform niet parallel met het bestaande gebouw. bouwen op een verdieping zorgt voor een betere beleving van de schaal van het gebouw, zowel vanop de benedenverdieping als vanop de duplex. hierdoor

wordt het gebouw vanuit meerdere gezichtspunten beleefd. de brasserie wordt gebouwd rond de bestaande infrastructuur van de bar die centraal is geplaatst, maar momenteel de omliggende ruimte onvoldoende kan bedienen. daarom wordt rond de bar een platvorm gebouwd dat een betere definitie in de ruimte biedt en een betere organisatie van de circulatie toelaat. deze centrale opstelling verhoogt de transparantie met zicht op de loketten en het licht dat hierlangs binnenkomt. de bestaande nutsvoorzieningen – toiletten en berging – blijven vlot toegankelijk. door het bouwen van een duplex wordt de benutte grondoppervlakte beperkter en kunnen extra functies worden gecreëerd. zo kan de bovenruimte gebruikt worden om groepen afzonderlijk te ontvangen en kan de ruimte eventueel worden afgesloten voor projecties, lezingen, ed. de duplex zorgt tevens voor een interactie die vanaf de straatzijde kan beleefd worden. de benedenverdieping heeft brede, hellende vlakken. de bovenverdieping kan bereikt worden via een brede trap die tevens voorzien is van een inklapbare platformlift. de nieuwe inrichting blijft zo steeds toegankelijk voor rolstoelgebruikers. om de functies van zelfbediening, bestelling van dranken en afrekening te verbeteren, wordt de koeltoog onder de duplex geplaatst. de zone rond de bar wordt vrijgehouden voor een optimale circulatie. achter de koeltoog bevindt zich een extra afgesloten bergruimte die zowel vanop het platvorm als vanop de begane grond bereikt kan worden. / *la salle des guichets du parlement flamand dans l'ancien office des chèques postaux à bruxelles fut créée par l'architecte victor bourgeois en 1937. dès son premier projet, il attribua à cette salle une fonction publique. bourgeois considérait la salle des guichets comme la pièce la plus symbolique du bâtiment, l'endroit où l'administration entrait en contact avec le public. elle devait refléter la puissance du chèque postal. le volume important de la salle (78x22x8m) avait pour but de copier les dimensions des rues de la ville à l'intérieur du bâtiment et de créer ainsi un espace public intérieur. bourgeois a élaboré plus amplement cette idée en finissant les murs intérieurs de la salle avec des matériaux similaires à ceux utilisés pour les façades extérieures. lors de la restauration et du réaménagement de l'office des chèques postaux pour le parlement flamand, la salle des guichets aussi a été restaurée de fond en comble. dans le prolongement du but d'origine, le parlement flamand souhaite de nouveau transformer la salle des guichets en un lieu de rencontre flamand à bruxelles, une 'place de marché couverte' où un certain nombre de fonctions – essentielles pour mettre en évidence la transparence et l'ouverture du parlement flamand – seront prévues dans une combinaison mûrement réfléchie: un coin de lecture et d'information, une boutique du parlement, une brasserie et un espace pour des expositions et/ou lectures, débats, événements culturels. ce projet doit être considéré comme une carte de visite pour le parlement flamand et la flandre. le concept pour l'aménagement des guichets est basé sur l'idée d'un pavillon posé comme élément isolé dans l'espace. pour renforcer cette idée, l'ensemble est construit sur un sol relevé. le choix des matériaux et de l'éclairage indirect sous le sol relevé augmente la distance par rapport à l'architecture existante. pour encourager la transparence et l'interaction avec le bâtiment, les bords de la plateforme ne sont pas parallèles au bâtiment existant. la construction sur un étage permet de mieux saisir l'échelle du bâtiment, aussi bien à partir du niveau du rez-de-chaussée que de celui du duplex. ainsi, le bâtiment peut être observé à partir de plusieurs points de vue. la brasserie sera construite autour de l'infrastructure existante du bar, qui occupe une position centrale mais qui ne peut actuellement suffisamment desservir l'espace qui l'entoure. c'est la raison pour laquelle une plateforme sera construite autour du bar, assurant une meilleure définition dans l'espace et permettant une meilleure organisation de la circulation. la transparence, obtenue grâce à la vue sur les guichets et à la lumière qui pénètre de ce côté, prend un caractère plus naturel par cette disposition centrale. les espaces d'utilité publique existantes – toilettes et rangements – demeurent aisément accessibles. par la construction d'un duplex, la surface utile au sol se trouve réduite et des fonctions supplémentaires peuvent être créées. ainsi, la partie supérieure peut être utilisée pour accueillir séparément des groupes et elle peut éventuellement être refermée pour des projections, des lectures, etc. le duplex assure également une interaction qui peut être vécue à partir du côté rue. l'étage du bas a de larges plans inclinés. l'étage du haut est accessible via un large escalier qui possède aussi un ascenseur à plateforme rabattant. ainsi, le nouvel aménagement reste toujours accessible pour les utilisateurs de chaises roulantes. pour améliorer les fonctions du self-service, de la commande des boissons et des paiements, le comptoir réfrigéré est installé sous le duplex. la zone autour du bar est tenue libre pour une meilleure circulation. derrière le comptoir réfrigéré se cache un espace de rangement supplémentaire accessible aussi bien à partir de la plateforme qu'à partir du niveau du rez-de-chaussée.*

www.vlaamsparlement.be
www.farris.it

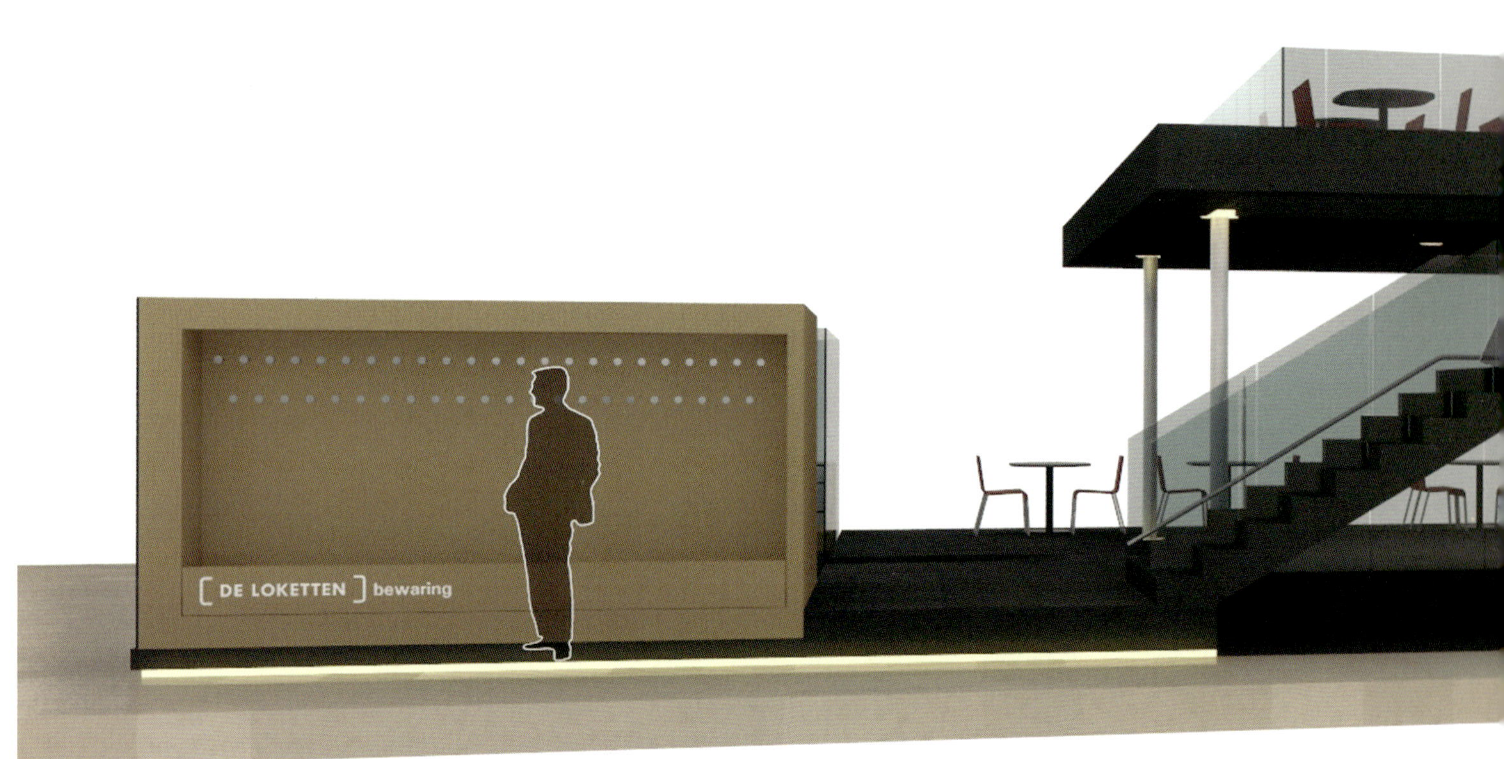
[DE LOKETTEN] bewaring

the shop with a counter for the display of products can be completely closed. there's also a reception desk with several practical functions (packing, administration, reception, etc). the video wall is meant as an eye-catcher for entering people and has a cloakroom on one side with room to store ± 75 coats and bags. the lounge offers room for 6 people to read or work comfortably. in this room there's a piece of furniture that is integrated with the backside of the storage-cooling counter. it consists of a paper rack, internet connection and printer. / **de winkel met een toonmeubel om producten uit te stallen kan volledig worden afgesloten. er staat tevens een onthaalmeubel met verschillende praktische functies (inpakken, administratie, onthaal, enz). de videowall is als eye-catcher georiënteerd op de binnenkomers. aan de zijkant ervan bevindt zich de vestiaire met plaats voor ongeveer 75 jassen en tassen. de lounge biedt plaats aan een zestal personen die er op een relaxte manier kunnen lezen of werken. deze ruimte is voorzien van een meubel dat geïntegreerd is aan de achterkant van de berging-koeltoog. het bevat een krantenrek, internet-aansluiting en mogelijkheid tot printen.** / *le magasin, avec un comptoir pour étaler les produits, peut être entièrement isolé de l'extérieur. un comptoir d'accueil est également prévu, avec différentes fonctions pratiques (emballage, administration, accueil, etc.). le mur vidéo, qui accroche tous les regards, est orienté sur le public entrant et sur son côté une consigne est prévue avec de la place pour environ 75 manteaux et sacs. le salon peut accueillir 6 personnes qui peuvent y lire ou travailler dans le calme. cette pièce est équipée d'un meuble qui est intégré à l'arrière de la pièce de rangement — du comptoir réfrigéré. elle dispose d'un kiosk à journaux, d'une connexion internet et de la possibilité d'imprimer des documents.*

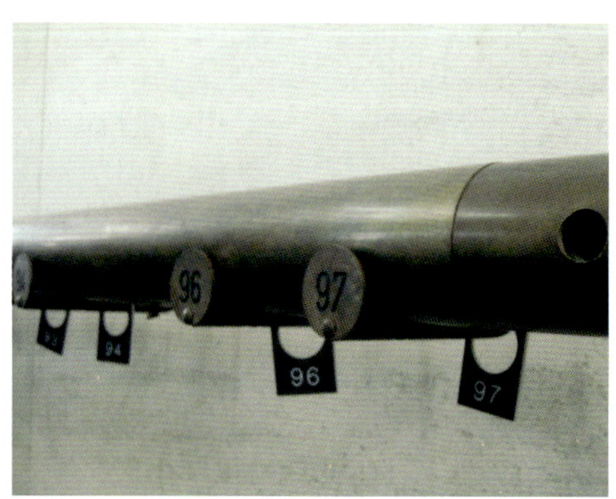

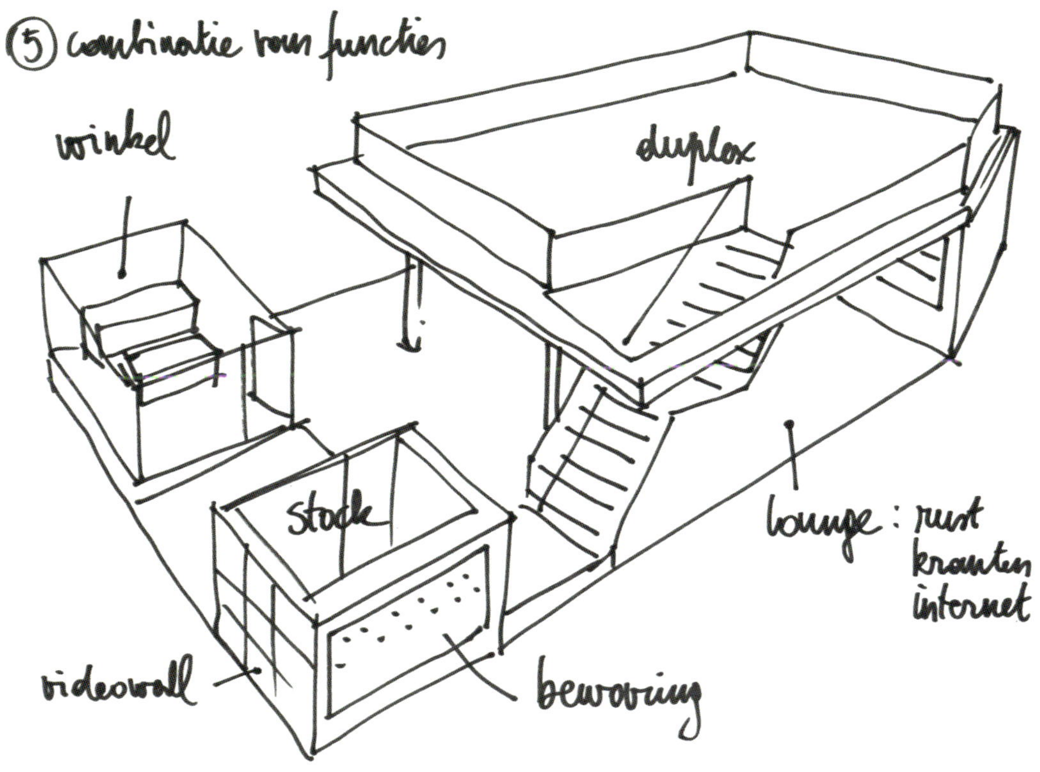
(5) combinatie van functies
winkel
duplex
stock
lounge: rust
kranten
internet
videowall
bewaring

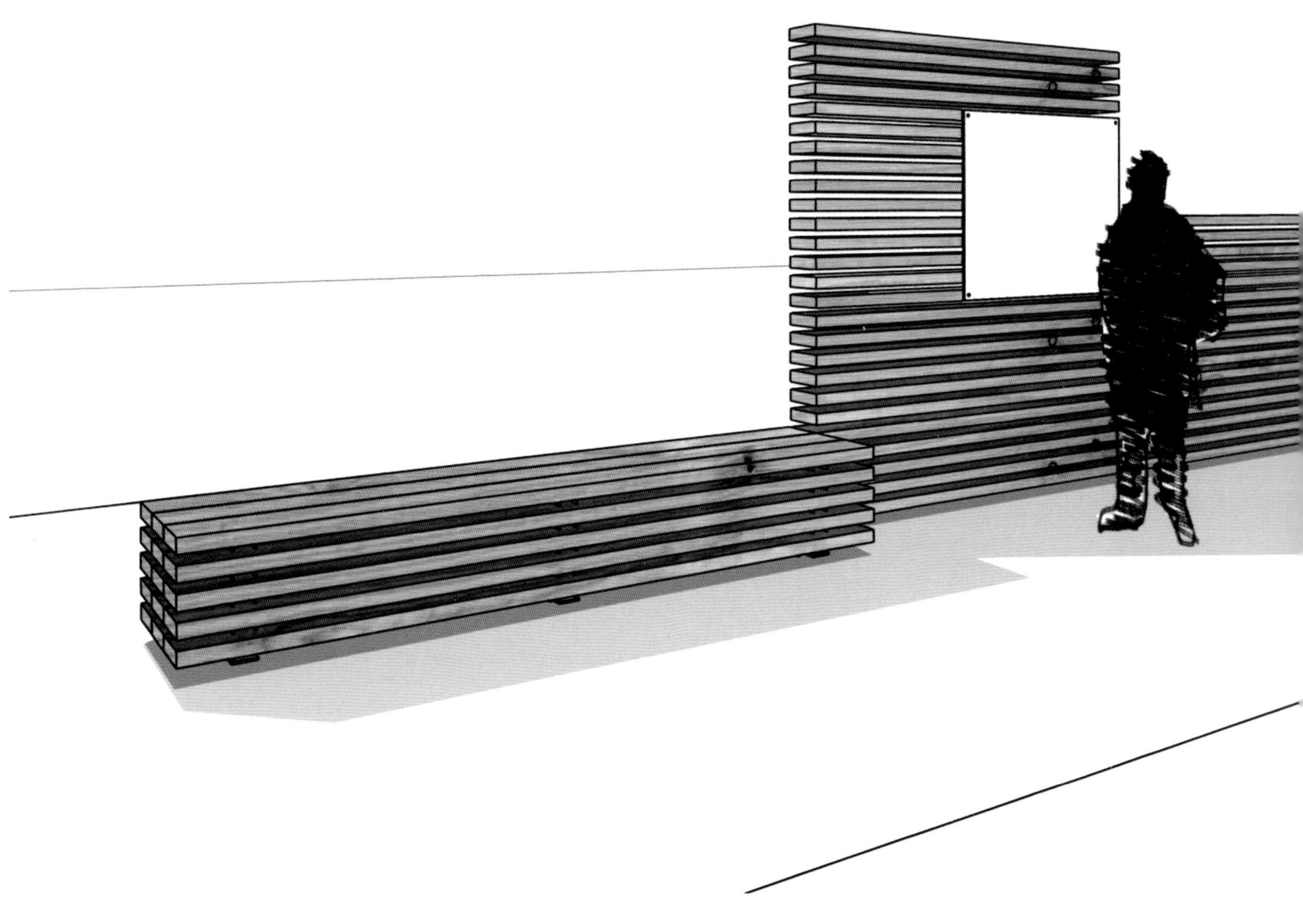

009

de merode

vlaamse landmaatschappij

in cooperation with omgeving / **in samenwerking met omgeving** / *en coopération avec omgeving*

working out a corporate identity for the area 'the merode' wants to answer the need to make the identity of the area recognisable for its users and visitors. / **het uitwerken van een huisstijl voor het gebied 'de merode' wil een antwoord bieden op de nood om de identiteit van het gebied herkenbaar te maken voor haar gebruikers en bezoekers.** / *l'élaboration d'un style maison pour le territoire de merode veut fournir une réponse au besoin de rendre l'identité du territoire bien reconnaissable par les utilisateurs et les visiteurs.*

www.omgeving.be
www.demerodeonline.be

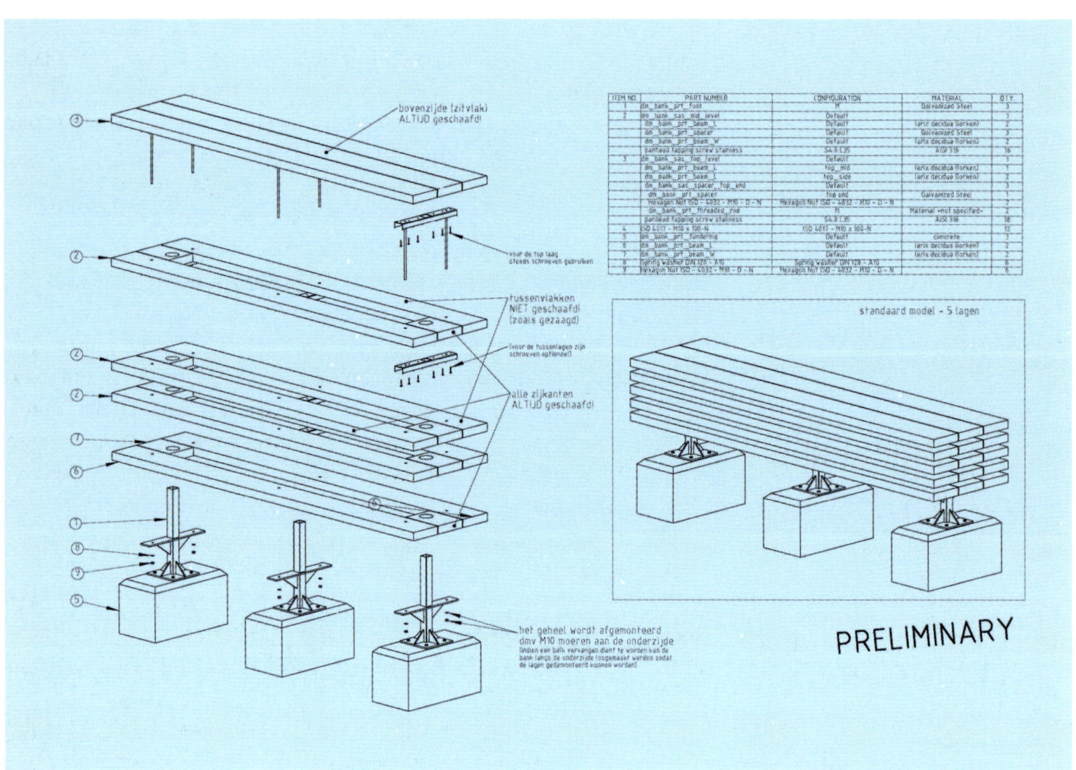

ITEM NO.	PART NUMBER	CONFIGURATION	MATERIAL	QTY.
1	dm_bank_prt_foot	M	Galvanized Steel	3
2	dm_bank_sas_mid_level	Default		3
	dm_bank_prt_beam_L	Default	larix decidua (lorken)	2
	dm_bank_prt_spacer	Default	Galvanized Steel	3
	dm_bank_prt_beam_W	Default	larix decidua (lorken)	2
	panhead tapping screw stanless	S4.8 L35	AISI 316	16
3	dm_bank_sas_top_level	Default		1
	dm_bank_prt_beam_L	top_mid	larix decidua (lorken)	1
	dm_bank_prt_beam_L	top_side	larix decidua (lorken)	2
	dm_bank_sas_spacer_top_end	Default		3
	dm_bank_prt_spacer	top end	Galvanized Steel	1
	Hexagon Nut ISO - 4032 - M10 - D - N	Hexagon Nut ISO - 4032 - M10 - D - N		2
	dm_bank_prt_threaded_rod	M	Material <not specified>	2
	panhead tapping screw stanless	S4.8 L35	AISI 316	18
4	ISO 4017 - M10 x 100-N	ISO 4017 - M10 x 100-N		12
5	dm_bank_prt_fundering	Default	concrete	3
6	dm_bank_prt_beam_L	Default	larix decidua (lorken)	2
7	dm_bank_prt_beam_W	Default	larix decidua (lorken)	2
8	Spring washer DIN 128 - A10	Spring washer DIN 128 - A10		6
9	Hexagon Nut ISO - 4032 - M10 - D - N	Hexagon Nut ISO - 4032 - M10 - D - N		6

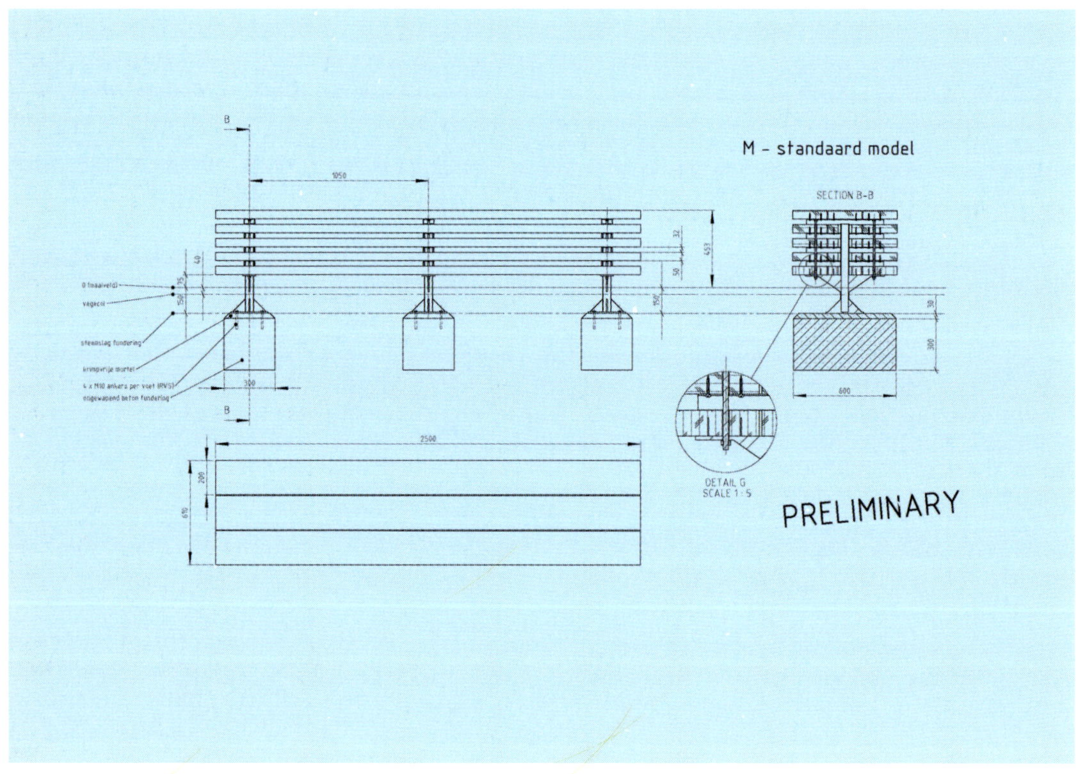

vlaamse landmaatschappij

the project area of the merode is located in the east of flanders, spanning three provinces: limburg, flemish brabant and antwerp. an important starting point for creating the corporate identity is that the interventions will not be limited to the centre of the area; the perimeter of the project has been established on the administrative borders of the six involved municipalities: scherpenheuvel-zichem, tessenderlo, geel, laakdal, herselt and westerlo. the project area is located on the border of northern-hageland and the southern-campine, with the merode woods in the centre, the demer valley to the south and the grote nete valley to the north. / **het projectgebied van de merode situeert zich in het oosten van vlaanderen en strekt zich uit over drie provincies: limburg, vlaams-brabant en antwerpen. een belangrijk uitgangspunt in de opmaak van de huisstijl is dat de ingrepen niet beperkt blijven tot het centrum van het gebied. de projectperimeter is vastgelegd op de administratieve grenzen van de zes betrokken gemeenten: scherpenheuvel-zichem, tessenderlo, geel, laakdal, herselt en westerlo. het projectgebied ligt op de grens van noord-hageland en de zuiderkempen met centraal de merodebossen, in het zuiden de demervallei en in het noorden de grote netevallei.** / *la zone du projet de merode se situe dans la partie orientale de la flandre et s'étend sur trois provinces: le limbourg, le brabant flamand et anvers. un point de départ essentiel dans la conception d'un style maison est que les interventions ne doivent pas se limiter au seul centre du territoire, le périmètre du projet est fixé aux frontières administratives des six communes concernées: scherpenheuvel-zichem, tessenderlo, geel, laakdal, herselt et westerlo. la région couverte par le projet se situe sur la frontière du noord-hageland et des campines du sud, avec les forêts de merode au centre, la vallée de la démer au sud et la vallée de la grande nèthe au nord. via un style maison conséquent, la prolifération de la signalisation et de l'infrastructure est revalorisée et remise à neuf.*

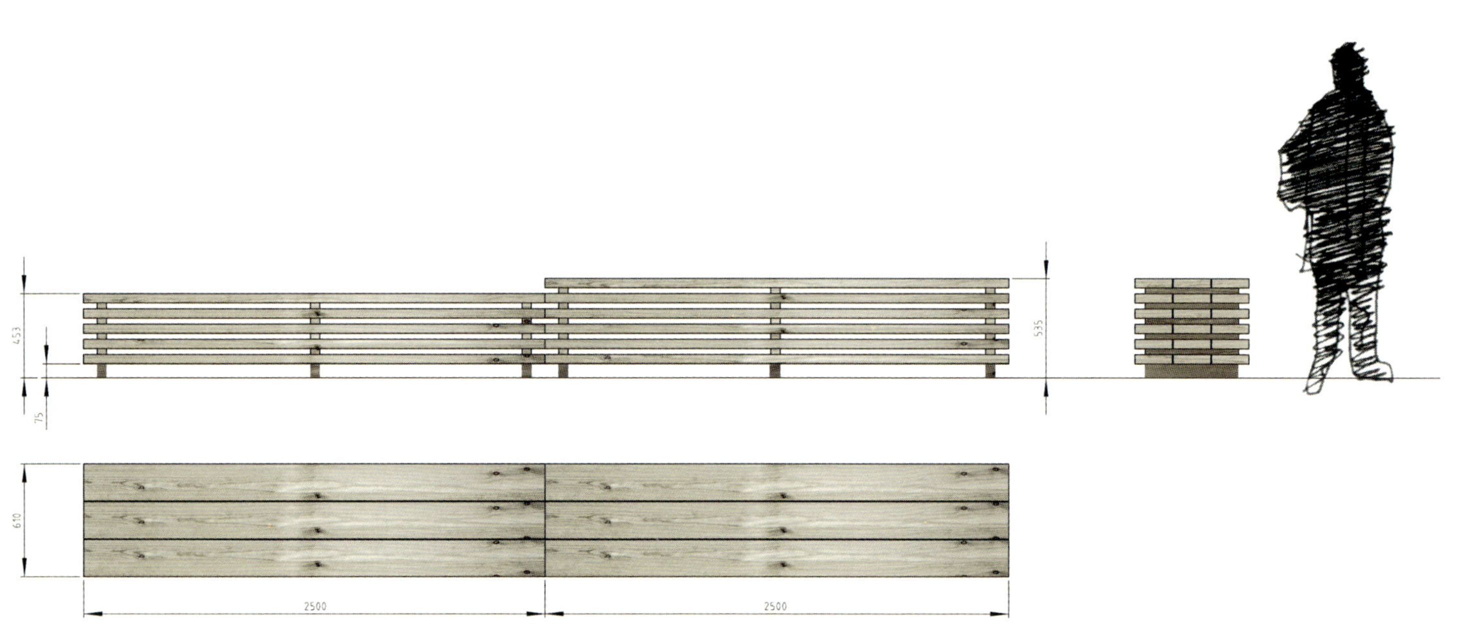
453
75
535
610
2500
2500

a solemn corporate identity will help completely revalue and renew the proliferation of signalisation and infrastructure. it starts out from an established group of specifications (family of forms). this group sets out the lines for the detailed execution of the identity. it is characterised by an almost literal 'open stratification', for the diversity of the area implies an open stratification. this is translated into one clear formal language that allows for vast diversification according to the application and the spot. the layered construction results in a solid and durable whole (sufficiently solid to remain standing in deserted places in the woods) and recognisable by its style. the layers allow for different expressions, the vertical construction is consistent with the monumental nature of some sites, whereas a horizontal construction emphasises the vast nature of the open landscapes and valleys. the possibilities are countless, the formal language is readily understood by everyone. the link between information, function and pleasure is crucial when building, positioning and combining the elements. attaining pleasure is achieved by formed spots where obvious encounters take place (sitting next to an information board, resting on a bicycle stand, ...). these spots are executed as hardened surfaces that appear to be cut from the landscape at random. for the construction of the decorating elements wood was the material of choice. during the first half of the 19th century the huge demand for pit-props caused the transition from broadleaf to coniferous woods. because of this the area 'de merode' is characterised by a great diversity of coniferous trees such as the scots pine (pinus sylvestris), the austrian pine (pinus nigra), the european larch (larix decidua) and the norway spruce (picea abies). the elements are built on-site from locally abundant larch. larch is known as the 'oak amongst conifers' and is very strong and durable, so this wood doesn't have to be preserved. the trunk is often very straight and the wood turns to a lovely shade of grey. for practical purposes larch is known to be flexible, as the wood doesn't require time to dry and can be applied to the elements as soon as it has been cut up. the only condition is that the trunks are cut in winter. all construction elements are constructed using the same elements or with reference to the size 50x200 mm. this way an array of elements is rendered that can be combined well and that allow ample freedom in their applications. / **via een gedragen huisstijl wordt de wildgroei van signalisatie en infrastructuur integraal geherwaardeerd en vernieuwd. de huisstijl vertrekt vanuit een vastgestelde vormfamilie, die de krijtlijn vormt voor de gedetailleerde uitwerking ervan, en wordt gekenmerkt door een bijna letterlijke 'open gelaagdheid'. de veelzijdigheid van het gebied impliceert immers een open gelaagdheid. dit wordt vertaald in één duidelijke vormtaal die, naargelang de toepassing en de plek, een grote diversificatie toelaat. de gelaagde opbouw vormt een robuust en duurzaam geheel (stevig genoeg om op eenzame plekken in de bossen te blijven staan) dat herkenbaar is in stijl. de gelaagdheid laat verschillende expressies toe; zo sluit een verticale opbouw aan bij het monumentale karakter van sommige plekken, terwijl een horizontale opbouw net het uitgestrekte karakter van de open landschappen en valleigebieden benadrukt. de mogelijkheden zijn eindeloos, de vormentaal is voor iedereen duidelijk. bij de opbouw, positionering en het gecombineerde gebruik van de elementen staat de link tussen informatie, functionaliteit en genieten centraal. het streven naar genieten wordt bereikt door vormgegeven plekken waar vanzelfsprekende ontmoetingen plaatsvinden (zitten naast een informatiebord, uitrusten op een fietsenstalling...). deze plekken worden uitgevoerd als verhardingsvlakken die schijnbaar willekeurig in het**

landschap zijn uitgesneden. voor de opbouw van de inrichtingselementen ging de voorkeur naar hout. door de massale vraag naar mijnhout in de eerste helft van de 19e eeuw veranderden de loofhoutbossen in naaldhoutbossen. hierdoor wordt het gebied de merode gekenmerkt door een grote verscheidenheid aan naaldbomen zoals de grove den (pinus sylvestris), de corsicaanse den (pinus nigra), de lork (larix decidua) en de fijnspar (picea abies). de uitvoeringselementen bestaan uit lork, een boomsoort die rijkelijk aanwezig is in het gebied. de lork geldt als 'de eik van het naaldhout' en is bijzonder sterk en duurzaam; het hout hoeft hierdoor niet bijkomend verduurzaamd te worden. de stam is vaak bijzonder recht en het hout verkleurt mooi grijs. ook met het oog op de praktische uitwerking is lork flexibel, het hout heeft namelijk geen droogtijd nodig en kan direct na het verzagen in de inrichtingelementen worden verwerkt, op voorwaarde dat de stammen in de winter worden gekapt. alle inrichtingselementen worden opgebouwd op basis van dezelfde elementen of refererend naar de afmeting 50x200mm. op deze manier ontstaat een gamma van elementen die onderling goed combineerbaar zijn en toch een zekere vrijheid toelaten in de toepassingsmogelijkheden. / *le style maison a pour point de départ une famille de formes bien définie. cette famille de formes constitue la base de l'élaboration détaillée du style maison. elle se caractérise par une véritable 'stratification ouverte'. en effet, la diversité du territoire implique une stratification ouverte. elle se traduit par un langage des formes clair et unique permettant une grande diversification en fonction de l'application et des lieux. l'élaboration en couches forme un ensemble robuste et durable (suffisamment pour s'arrêter à des endroits isolés dans les bois) et reconnaissable à travers le style. la stratification permet différentes expressions, ainsi un montage vertical reflète bien le caractère monumental de certains endroits, alors qu'une structure horizontale accentue justement le caractère étendu des paysages ouverts et des vallées. les possibilités sont infinies, le langage des formes demeure clair pour tous. lors de la mise en place, du positionnement et de l'utilisation combinée des éléments, le lien entre l'information, la fonction et le plaisir occupe le centre. la poursuite de la jouissance est concrétisée par des endroits 'remodelés' où des rencontres ont lieu tout naturellement (on s'assoit près d'un panneau informatif, on se repose près d'un dépôt de bicyclettes...). ces endroits sont réalisés sous la forme de surfaces revêtues qui semblent avoir été découpés de manière aléatoire dans le paysage. pour la réalisation des éléments d'aménagement, la préférence s'est portée sur le bois. pendant la première moitié du 19e siècle, l'énorme demande en bois de soutènement pour les mines s'est trouvée à l'origine de la conversion des forêts d'arbres feuillus en forêts de conifères. ainsi, la région de merode se caractérise par une grande diversité en conifères, comme le pin sylvestre (*pinus sylvestris*), le pin de corse (*pinus nigra*), le mélèze commun (*larix decidua*) et l'épicéa commun (*picea abies*). les éléments de réalisation sont produits à partir du mélèze commun, abondant sur place. le mélèze est qualifié de 'chêne parmi les conifères' et il est particulièrement robuste et durable, le bois ne devant ainsi pas être préalablement traité. le tronc est souvent très droit et le bois s'altère en un joli gris. pour la réalisation pratique aussi le mélèze s'avère flexible, le bois n'ayant pas besoin de sécher et dès qu'il a été scié il peut être incorporé dans les éléments de l'aménagement. à condition toutefois d'abattre les arbres en hiver. tous les éléments de l'aménagement sont produits sur base des mêmes éléments ou référant aux dimensions de 50 x 200 mm. de la sorte il se crée une gamme d'éléments qui se combinent à loisir et qui laissent à tout moment le champ libre aux possibilités d'application.*

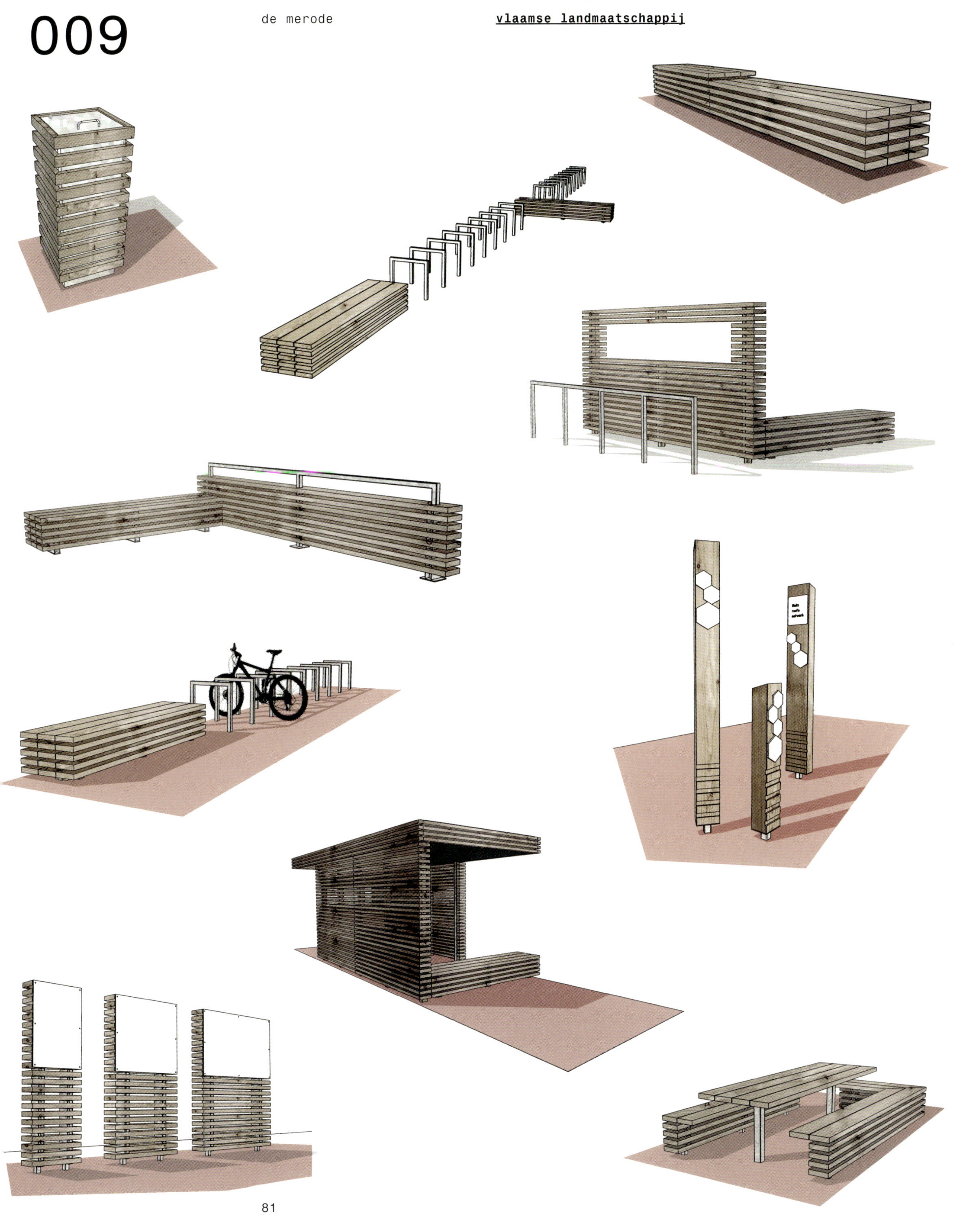

011

foglia

prototype

this project is an exploration of a new formal language inspired by nature. *foglia* (italian for 'leaf') is a towel rack for the bathroom that refers to the sharp contours of the leaf of a tropical plant by its shape and used materials. hence the idea of using this product both indoors and outdoors. the stainless steel version adorns many a luxurious pool, being a convenient tool on sultry summer evenings. / **in dit project wordt een nieuwe vormtaal verkend die geïnspireerd is op de natuur. *foglia* (italiaans voor 'blad') is een handdoekrek voor de badkamer dat door zijn vorm en materiaalgebruik verwijst naar de spitse contourvorm van het blad van een tropische plant. hierdoor ontstond ook het idee om dit product zowel binnen als buiten te gebruiken. de roestvrij stalen versie siert menig luxueus zwembad en is een handig hulpmiddel op zwoele zomeravonden.** / *ce projet est une façon de partir à la reconnaissance d'un nouveau langage formel inspiré par la nature.* foglia *('feuille' en italien) est une étagère à serviettes pour la salle de bains. sa forme et l'utilisation du matériau réfèrent aux contours effilés de la feuille d'une plante tropicale. c'est en adoptant cet angle d'approche que l'idée est née d'utiliser ce produit aussi bien à l'intérieur qu'à l'extérieur. dans sa version en acier inoxydable, il orne bon nombre de piscines luxueuses et il s'avère un accessoire pratique lors des étouffantes soirées d'été.*

folder

polyline

the design label *polyline* was created in 2001 in order to release personal concepts in limited editions. folder, a chair in true origami style, was a first project for *polyline*. / **het designlabel *polyline* werd in 2001 opgericht om persoonlijke ideeën vorm te geven in beperkte oplagen. nog datzelfde jaar verraste *polyline* de designwereld met folder, een stoel in authentieke origamistijl.** / *l'étiquette* polyline *de ce design fut créée en 2001 afin de commercialiser des idées personnelles en édition limitée.* folder, *la chaise de style origami véritable, fut le premier projet de* polyline.

www.polyline.be

the folded polypropylene sheet which is cut, scored and folded into existence has been exhibited in numerous places such as the national design museum in new york (usa), the nike design library in oregon (usa), colette in paris (france), at 100% design in london (uk), at salone satellite in milan (italy) and is at present regularly invited to important exhibitions. / **de stoel is gemaakt uit één blad in polypropyleen, dat in de gewenste vorm wordt uitgesneden, gevouwen en vastgeklikt. folder werd al op tal van plaatsen tentoongesteld, zoals het national design museum in new york (vs), de nike design library in oregon (vs), colette in parijs (frankrijk), 100% design in london (vk) en salone satellite in milaan (italië). de stoel wordt vandaag nog steeds gevraagd voor belangrijke tentoonstellingen.** / *feuille de polypropyplène, découpée, pré-rainurée et pliée en un objet réel, elle fut exposée dans de nombreux endroits. exhibée au national design museum de new york, à la nike design library dans l'orégon aux etats-unis, chez colette à paris, au 100% design de londres, au salon satellite de milan en italie. de plus, elle est à présent régulièrement réclamée à d'importantes expositions.*

There is something about Stefan Schöning that leads me to believe that he will become one of Belgium's most famous designers. He masters the neat and clear line of minimalism and adds a bit of humour to it. He brightens up his designs and as a result they radiate craftsmanship and professional seriousness, but at the same time they are a reflection of adventurous beauty. One could describe his portfolio as industrial design enriched with poetry.

The structure of his elegant designs is based on lines and planes. They can be found in his origami chair, his *modenatiesofa* for the Flanders Fashion Museum, the signs and panels for the Belgian railways, the brasserie of the Flemish Parliament in the counter hall *de loketten* and the *Manabì Dream* seat which he designed for the 5th Triennial for Design 'Beauty. Singular~Plural'. It's a return to the basics of all forms. However Stefan designs products, not design statements; after all he graduated as a product designer. Each and every one of his designs is a functional object, but they all have this extra bit of appeal. His creations give you the feeling that they are unique pieces, although in reality it is perfectly possible to manufacture them industrially on a large scale. His refreshing approach, resulting from a transparent, pragmatic thinking process, is at the basis of it all.

We met in Milan at the SaloneSatellite in 2001, his booth was full of origami chairs. Ever since then we have been supporting and monitoring his professional career in detail. A career which I am sure will yield some great moments in the future.

—

Johan Valcke / director / Design Vlaanderen

Quelque chose me dit que Stefan Schöning est destiné à devenir l'un des créateurs belges les plus réputés. Il a la ligne claire du minimalisme dans les doigts et il y ajoute en plus un soupçon d'humour. Il enlumine ses créations pour leur conférer, en sus du savoir-faire et du sérieux professionnel, une beauté presque audacieuse. On pourrait cerner son œuvre par: esthétisme industriel trempé de poésie.

Du point de vue formel, les lignes et les surfaces constituent la base de ses créations. On les retrouve dans sa chaise origami, sa banquette pour le MoMu, la signalisation pour la SNCB, la brasserie du Parlement Flamand à la salle des guichets de loketten *et le* Manabì Dream *qu'il créa pour la 5e Triennale du Design 'Beauté. Singulier~Pluriel'. Il s'agit d'un retour aux sources de toutes les formes. Or Stefan façonne des projets et ne profère pas des affirmations sur le design; d'ailleurs n'a-t-il pas suivi une formation en développement de produits? Toutes ses créations, de la première à la dernière, sont des objets fonctionnels, mais il en émane davantage. Elles vous donnent l'impression d'être uniques, bien qu'en réalité elles puissent sans problème être réalisées à l'échelle industrielle. C'est son approche rafraîchissant, jaillissant d'une réflexion claire et pragmatique, qui se trouve à la base de ce rayonnement.*

Nous nous sommes rencontrés à Milan à l'occasion du Salone Satellite de 2001, son stand regorgeait de chaises origami. Depuis, nous soutenons sa carrière professionnelle et nous la suivons de près. Une carrière qui se prépare à franchir des étapes grandioses, je n'en doute pas un instant.

—

Johan Valcke / directeur / Design Vlaanderen

Iets in Stefan Schöning zet mij ertoe aan te denken dat hij een van de bekendste Belgische ontwerpers zal worden. Hij heeft de klare lijn van het minimalisme in zijn vingers en voegt daar een vleugje humor aan toe. Hij verlucht zijn ontwerpen, waardoor ze tegelijk vakkundigheid en professionele ernst, maar ook een gedurfde schoonheid uitstralen. Je zou zijn werk kunnen omschrijven als industriële vormgeving vol poëzie.

Lijnen en vlakken liggen vormelijk aan de basis van zijn ontwerpen. Je vindt ze terug in zijn origamistoel, zijn bank voor het Momu, de signalisatie voor de NMBS, de brasserie van het Vlaams Parlement, de Loketten en de *Manabì Dream* die hij ontwierp voor de 5° Triënnale voor Vormgeving 'Beauty Singular~Plural'. Het is een terugkeren naar de basis van alle vormen. Stefan ontwerpt echter producten, geen design statements; hij volgde tenslotte een opleiding als product-ontwikkelaar. Zijn ontwerpen zijn stuk voor stuk functionele voorwerpen, maar ze stralen iets meer uit. Je krijgt het gevoel dat het unieke stukken zijn, alhoewel ze in werkelijkheid perfect industrieel op grote schaal kunnen gemaakt worden. Het is zijn verfrissende aanpak, voortspruitend uit een helder, pragmatisch denken, die daar aan de basis van ligt.

We ontmoetten elkaar in Milaan tijdens de SaloneSatellite van 2001, zijn stand was gevuld met origamistoelen. Sindsdien steunen en volgen we zijn professionele loopbaan van dichtbij. Een loopbaan die nog grootse momenten zal kennen, daar twijfel ik niet aan.

—

Johan Valcke / **directeur** / **Design Vlaanderen**

delvaux

folder by delvaux is an ingenious handmade chair, based on the famous japanese origami technique. this sophisticated folding technique, usually performed on paper, leads to recognisable images and is seen as genuine art in japan nowadays. initially the chair *folder* was designed in white synthetic material. the delvaux version of this schöning chair is presented in black bull calf leather. this exclusive, first quality leather is applied to a flexible material that will be hardened and reinforced later by a system that was developed by delvaux and the designer themselves. due to this new project with delvaux, schöning is enabled to further expand on the potential of his talents – for never before has he worked in the luxury leather sector. / ***folder by delvaux* is een ingenieuze zetel die met de hand gemaakt wordt, op basis van de bekende japanse origamitechniek. deze gesofistikeerde plooitechniek, die doorgaans in papier gerealiseerd wordt, leidt tot herkenbare beelden en wordt in het hedendaagse japan als heuse kunst beschouwd. initieel werd de zetel *folder* in een synthetisch wit materiaal ontworpen. de delvaux versie van deze zetel van schöning wordt voorgesteld in zwart stierkalfsleer. dit exclusieve leer van eerste kwaliteit wordt aangebracht op een flexibel materiaal dat nadien hard en stevig gemaakt wordt via een systeem dat ontwikkeld werd door delvaux en de ontwerper zelf. dankzij dit nieuwe project met delvaux kan schöning zijn talent verder verruimen – nooit tevoren heeft hij immers gewerkt in de sector van de luxelederwaren.** / folder by delvaux *est un fauteuil des plus ingénieux qui est fabriqué à la main à partir de la célèbre technique japonaise de l'origami. cette technique sophistiquée du pli, appliquée en général sur des feuilles de papier, conduit à des images bien reconnaissables et de nos jours elle est considérée au japon comme un art à part entière. a l'origine, le siège avait été réalisé en un matériau synthétique blanc. la version delvaux de ce fauteuil de schöning est présentée en cuir de bouvillon noir. ce cuir exclusif de toute première qualité est appliqué sur un matériau souple qui est durci par la suite au moyen d'un système qui a été développé par delvaux et le designer même. grâce à ce nouveau projet avec delvaux, schöning peut élargir davantage encore le potentiel de son talent – jamais auparavant il ne s'était frotté au secteur de la maroquinerie de luxe.*

veerle windels / fashion journalist

www.delvaux.be

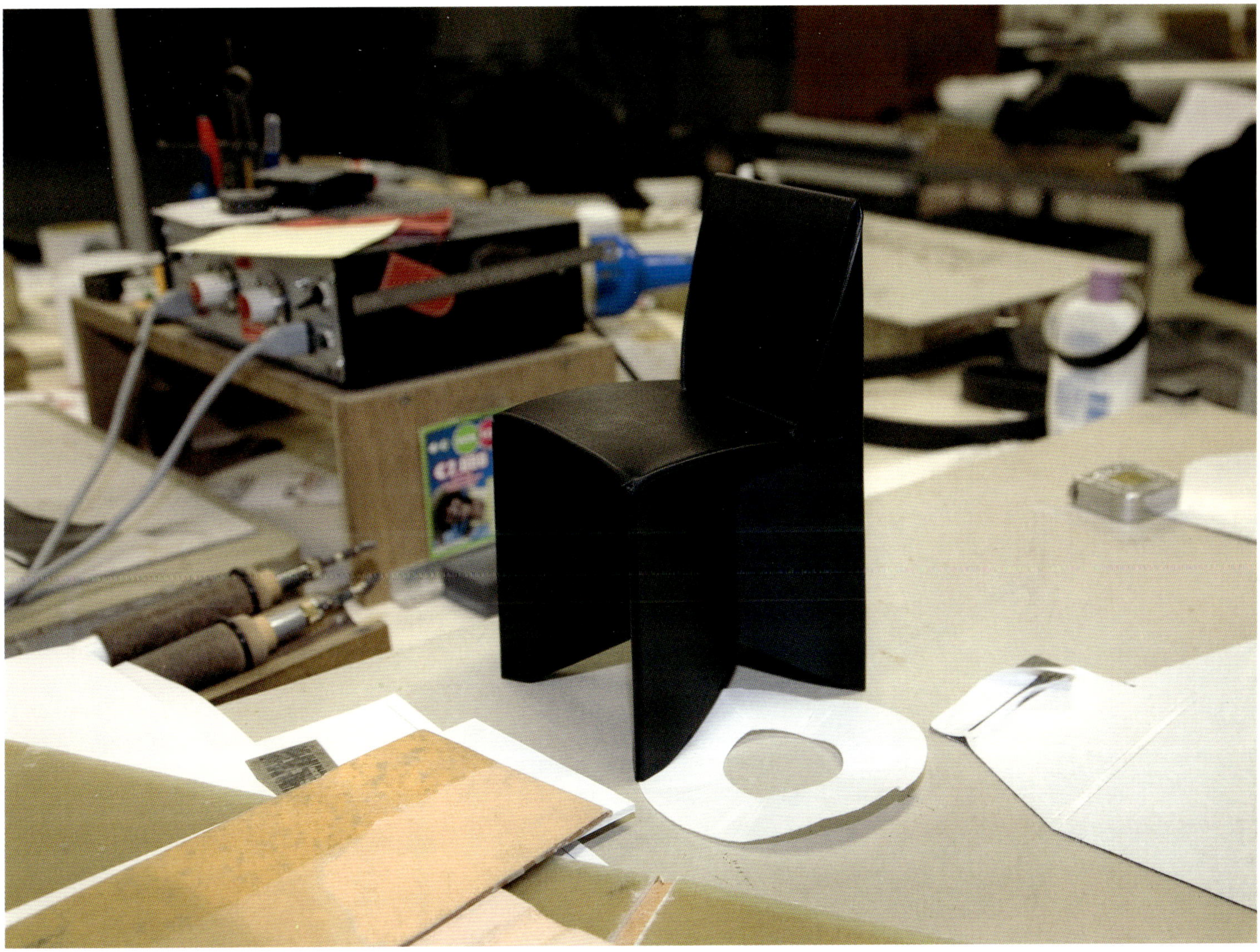

folder by delvaux will be manufactured in very limited numbers according to the wishes of the costumer, as this is a rare and particularly unique creation that unites tradition and modernity, two values cherished by delvaux./ ***folder by delvaux*** **zal in uiterst beperkte oplage in functie van de wensen van de klant vervaardigd worden. het gaat immers om een zeldzame en vooral unieke creatie die traditie en moderniteit verenigt, twee waarden die door delvaux gekoesterd worden.** / *folder by delvaux sera fabriqué en une édition très limitée en fonction des désirs des clients. il s'agit en effet d'une création rare et surtout unique qui réunit la tradition et la modernité, deux valeurs particulièrement choyées par delvaux.*

Tests sur cuir

014

friends

prototype

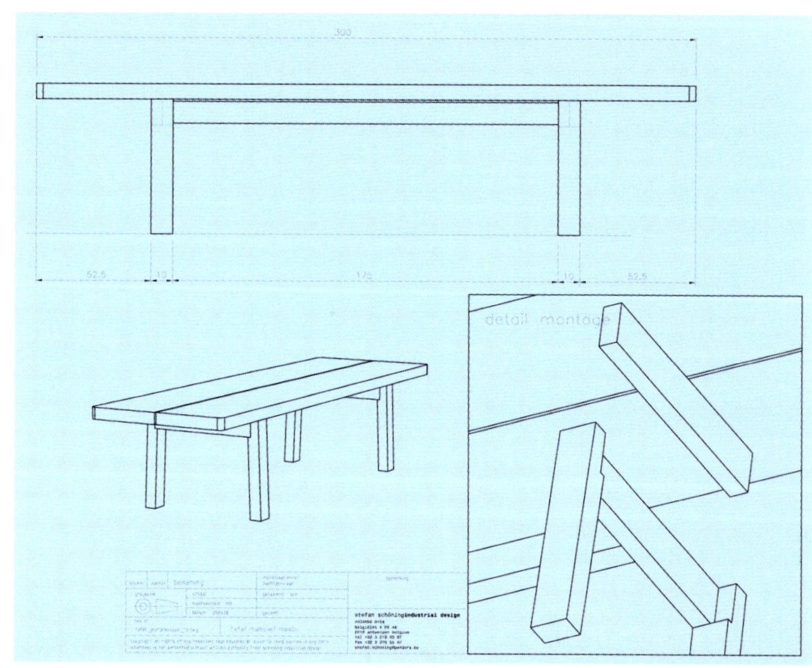

014

friends

prototype

friends is the table i have been looking for for a long time but couldn't quite find so i ended up drawing it myself. the top and legs are carefully proportioned to grant every guest maximum comfort. during summer it will be the heart of any terrace. it was built in solid tropical wood that turns a lovely shade of grey over the years. / ***friends*** **is de tafel die ik al lang zocht maar niet vond en daarom zelf tekende. het blad en de poten zijn zorgvuldig geproportioneerd zodat iedere gast een maximaal comfort geniet. in de zomer vormt de tafel een centrale plek op het terras. ze is gemaakt uit massief tropisch hout dat mettertijd mooi grijs wordt.** / friends *est la table que j'ai toujours cherchée sans jamais la trouver. j'ai donc dû la dessiner moi-même. les proportions entre la feuille et les pieds ont été étudiées avec soin afin que chaque hôte bénéficie d'un confort maximal. l'été, elle occupe une position centrale sur la terrasse. elle est réalisée à partir de bois massif tropical qui adopte un joli teint gris au fil du temps.*

015

grillpan

demeyere

this grill pan is made of stainless steel and has no less than 7 layers of different kinds of steel to induce the heat in a better way. it can be used on gas, electrical and induction hobs and is also suitable to be used in the oven. it is the basis of a series of grill products which i have designed together with the company demeyere. one of the difficulties we faced was getting the multilayer sheet to take on the correct shape, without causing any deformations due to tensions in the material. / **deze grillpan van roestvrij staal bestaat uit zeven verschillende lagen staal waardoor de hitte beter geleid wordt. de pan is zowel geschikt voor elektrische- als voor gas- en inductiekookplaten en kan ook in de oven gebruikt worden. ze vormt de basis van een reeks grillproducten die ik samen met demeyere ontwikkelde. een van de moeilijkheden was om de meerlagige plaat in de juiste vorm te krijgen, zonder dat er door materiaalspanningen deformatie optreedt.** / *ce gril est fait d'acier inoxydable et compte pas moins de 7 couches de différents types d'acier afin d'induire la chaleur d'une meilleure manière. il peut être utilisé pour la cuisine au gaz, à l'électricité mais aussi pour la cuisson à induction. il constitue la base d'une série de produits à griller que j'ai développés en collaboration avec demeyere. l'un des défis consistait à obtenir la forme exacte de la plaque aux couches multiples sans risquer des déformations par les tensions dans le matériau.*

www.demeyere.be

one-off / two matryoshkas – maf

with this assignment i wanted to break through the traditional image of the matryoshkas and change the surprise effect of its 'dismantling'. i replaced the five dolls that fit into each other by taking out the smallest one, reproducing it in great multitudes ('clone'-like) and filling the largest one with them. on opening this new set of matryoshkas the stereotypical expectations are shattered by the inevitable disintegration of the whole. the organisation m.a.f. asked 50 artists to personalise a set of five matryoshka dolls each. these pieces of art were auctioned and all of the proceeds went to a good cause.

met deze opdracht wilde ik het traditionele beeld van de matroesjka's doorbreken en het verrassingseffect van de 'ontmanteling' wijzigen. het kleinste van de vijf popjes werd een maximaal aantal keren 'gekloond', waarna het grootste popje met de 'gekloonde' popjes werd gevuld. bij het openen van deze nieuwe set matroesjka's wordt de stereotype verwachting doorbroken door het onvermijdbare uiteenvallen van het geheel. de organisatie m.a.f. heeft aan 50 artiesten gevraagd een set van telkens vijf matroesjka popjes te personaliseren. deze kunstwerkjes werden per opbod verkocht waarbij de opbrengst integraal aan een goed doel werd geschonken.

pour cette commande, je souhaitais rompre avec l'image traditionnelle des poupées russes et changer l'effet de surprise du 'démantèlement'. des cinq poupées placées les unes à l'intérieur des autres, j'ai retiré la plus petite pour la reproduire à autant d'exemplaires (une sorte de 'clonage') qu'il en faut pour remplir la plus grande des poupées. lorsqu'on ouvre ce jeu de poupées russes, l'attente stéréotype est rompue par la décomposition inéluctable de l'ensemble du jeu. l'organisation m.a.f. a demandé à 50 artistes de personnaliser un ensemble de cinq poupées russes à chaque fois. ces chefs-d'œuvre ont été vendus aux enchères et la recette a été remise à une bonne œuvre.

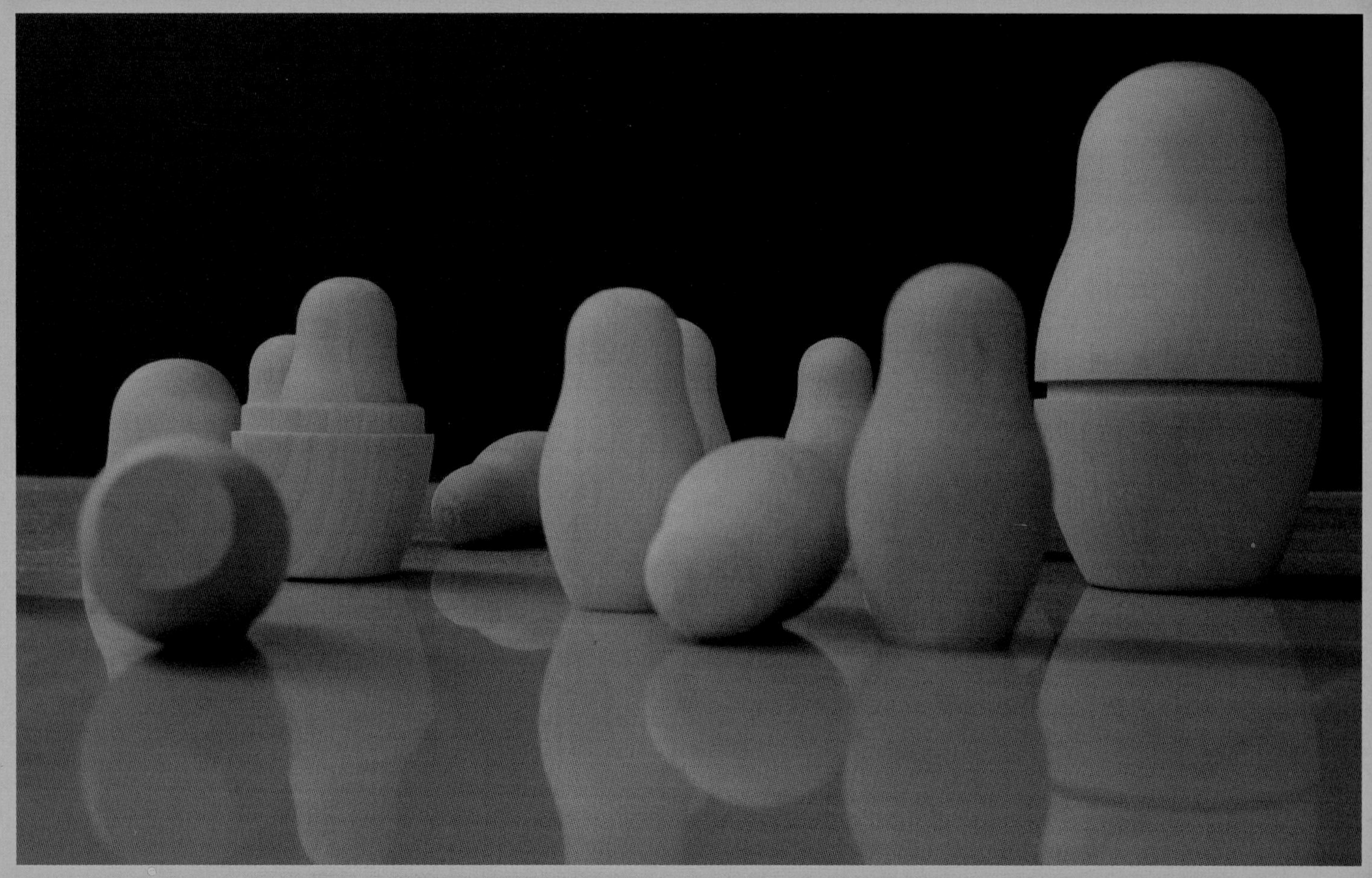

www.m-a-f.be

elica

cooker hood with integrated atmosphere light. the light breathes with the rhythm of the fan and slowly fades when the cooker hood is switched off and you leave the kitchen. / **dampkap met ingebouwde sfeerverlichting. het licht ademt op het ritme van de ventilator en vervaagt langzaam wanneer je de dampkap uitschakelt en de keuken verlaat.** / *hotte de cuisine à éclairage d'ambiance intégré. il se déclenche au rythme de la ventilation et s'atténue progressivement une fois l'aspiration terminée pour s'éteindre complètement alors que vous avez déjà quitté la pièce.*

www.elica.it

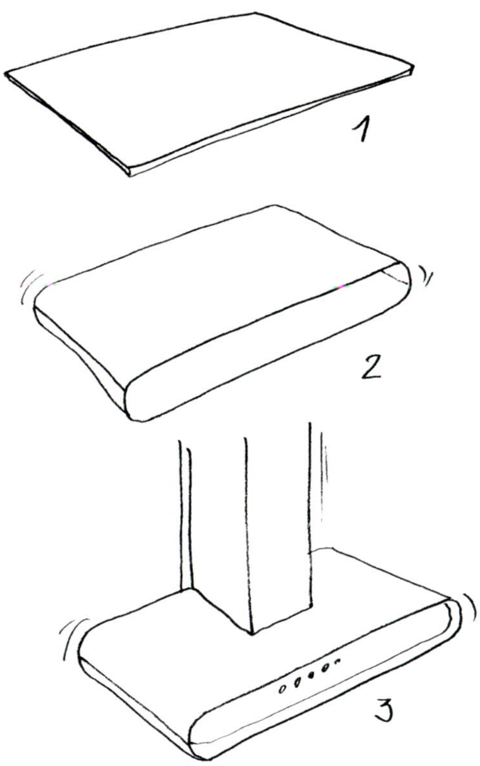

During my evening walk prior to the opening of the SaloneSatellite in Milan in 2001, I came across Stefan Schöning's *Invader* chair, and was immediately impressed by its design, without realizing the extent to which he had anticipated the trend of a design characterized by prismatic areas and which was subsequently to develop into a mega trend in design.

In the context of our upholstered furniture collection entitled 'Upholstered Furniture from Two Centuries' that we presented at the international furniture trade fair in Cologne in 2002, the *Invader* chair stands for the type of chair whose clear language of design and modern production technology best represents contemporary chairs in the first decade of the 21st century.

—

rainer krause / anthologie quartett

Tijdens mijn avondwandeling voor de opening van het SaloneSatellite in Milaan in 2001 merkte ik Stefan Schöning's *Invader* op. Onmiddellijk was ik onder de indruk van zijn design. Op dat ogenblik realiseerde ik me niet hoever hij vooruitliep op een designtrend door het gebruik van prismatische vlakken. Een trend die zich tot een echt modefenomeen zou ontwikkelen.

Binnen de context van onze collectie 'twee eeuwen gestoffeerde meubels' die we in Keulen in 2002 tijdens de internationale meubelbeurs voorstelden, is de *Invader*, dankzij zijn ontwerp en zijn moderne productietechnologie, representatief voor de hedendaagse zetel van het eerste decennium van de 21ste eeuw.

—

rainer krause / anthologie quartett

C'est lors de ma promenade du soir avant l'ouverture du Salon Satellite de Milan en 2001 que je suis tombé par hasard sur le fauteuil Invader *de Stefan Schöning et fus immédiatement impressionné par sa ligne, sans réaliser au premier abord combien il avait anticipé les tendances par des formes prismatiques, se développant plus tard en un véritable phénomène de mode pour le design.*

Dans le contexte de notre collection de meubles capitonnés intitulée 'Meubles capitonnés depuis 2 siècles', présentée à la foire commerciale internationale de meubles à Cologne en 2002, le fauteuil Invader*, par son design et sa technologie moderne de production, est le symbole même des fauteuils contemporains de la première décennie du vingt-et-unième siècle.*

—

rainer krause / anthologie quartett

invader

anthology quartett

invader is a study of 'cutting' volumes. the seating gap is a cut-out of the body which is made of one piece. it gives interesting architectural perspectives when seen from different sides. the foamed body is upholstered in different colours. 'in order to get the shape right, i started cutting with a knife into a foam bloc of polystyrene. afterwards, we decided to get it moulded and to integrate the metal parts for the construction of the legs, the back and seat comfort.' / ***invader*** **is een studie van het snijden van volumes. de zitruimte wordt gevormd door een uitsnijding in het hoofdelement, dat uit één enkel stuk bestaat. dit resulteert in een reeks interessante architecturale perspectieven wanneer het ontwerp vanuit verschillende hoeken wordt bekeken. het hoofdelement in schuim kan in verschillende kleuren worden gestoffeerd. 'om de juiste vorm te verkrijgen, begon ik met een mes in een blok polystyreen schuim te snijden. daarna besloten we om een mal te maken waarbij de metalen delen in het schuim werden geïntegreerd om de structuur van de poten en de rug te vormen. optimaal zitcomfort stond hierbij centraal.'** / invader*, résultat d'une étude sur la 'découpe' de volumes, est un fauteuil façonné à partir d'une pièce unique, lui conférant, sous différents profils, d'intéressantes perspectives architecturales. son corps en mousse est capitonné en différentes couleurs. 'afin d'obtenir la forme désirée, j'ai commencé par sculpter un bloc de polystyrène au couteau que nous avons ensuite moulé pour y intégrer les pièces en métal de la construction des pieds et du dossier, lui apportant tout son confort.'*

www.anthologiequartett.de

'7 horses in the sky'
'invader'- installation for Anthologie Quartett – salone del mobile 2003.
Stefan Schoning

017 invader **anthologie quartett**

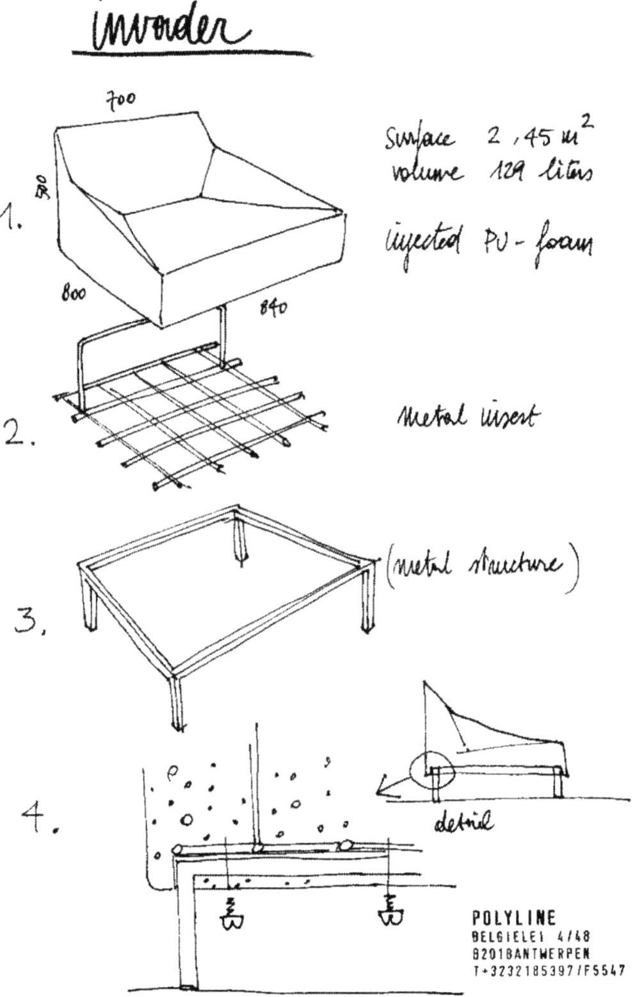
invader
700
1.
800
840
surface 2,45 m²
volume 129 liters
injected PU-foam
2.
metal insert
3.
(metal structure)
4.
detail
POLYLINE
BELGIELEI 4/48
B2018ANTWERPEN
T+3232185397/F5547

Stefan Schöning si è presentato al SaloneSatellite 2001 con il suo label *Polyline*, centrando subito l'obiettivo del SaloneSatellite: il suo prototipo *Invader* è stato scelto per la messa in produzione. Anche nel 2002 ha partecipato insieme al citato label, con il quale ha proposto idee per arredare il proprio mondo, servendosi di materiali e metodi per produrre nuove forme: di nuovo grande successo. Oggi Stefan disegna per aziende italiane ed estere di grande prestigio tra cui Desalto, Liv'it, JongForm e altre.

Sono felice del successo di Stefan e sono certa che nella sua carriera di giovane designer lo attende un futuro molto roseo. Inoltre, sono contenta di poter esprimere il mio pensiero sulla qualità del suo lavoro. Il suo iter conferma l'obiettivo del SaloneSatellite: da studente a giovane designer, arrivando fino al produttore.

—

Marva Griffin Wilshire / curatore / SaloneSatellite

Stefan Schöning presented himself at the 2001 SaloneSatellite with his *Polyline* label, doing exactly what SaloneSatellite aims to achieve: his *Invader* prototype was selected to be put into production. He took part again with *Polyline* in 2002, proposing ideas for furnishing his own world, using materials and methods to produce new forms: once again it was a big success. Today Stefan is designing for very prestigious Italian and foreign companies such as Desalto, Liv'it, JongForm, and others.

I am happy Stefan is so successful and I am sure that in his career as a young designer, a very rosy future awaits him. I am also happy to have this opportunity to express my thoughts about the quality of his work. His career path confirms the validity of SaloneSatellite's objective: from student to young designer and in the end working for producers.

—

Marva Griffin Wilshire / curator / SaloneSatellite

Toen Stefan Schöning in 2001 op SaloneSatellite zijn *Polyline* label voorstelde, kaderde dit perfect binnen de doelstellingen van SaloneSatellite: zijn *Invader* prototype werd voor productie geselecteerd. In 2002 nam hij opnieuw deel met *Polyline* en kwam toen met een aantal voorstellen om zijn eigen wereld te presenteren. Hij gebruikte daarbij materialen en methodes die nieuwe vormen deden ontstaan: het was eens te meer een schot in de roos. Vandaag ontwerpt Stefan voor zeer prestigieuze Italiaanse en buitenlandse ondernemingen zoals Desalto, Liv'it, JongForm en andere.

Ik ben blij dat Stefan zo veel succes heeft en ik ben ervan overtuigd dat hem als jonge designer nog een veelbelovende toekomst wacht. Ik ben bovendien ook zeer vereerd om hier mijn mening over zijn werk te mogen formuleren. Zijn professionele parcours bevestigt de doelstellingen van SaloneSatellite: van student naar jonge ontwerper om uiteindelijk voor producenten te werken.

—

Marva Griffin Wilshire / curator / SaloneSatellite

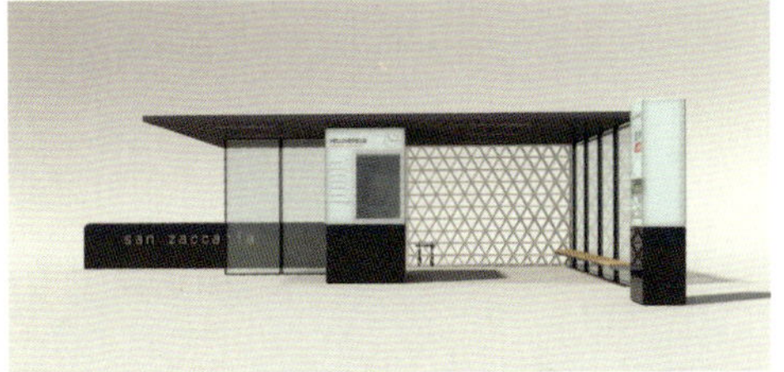

together with the italian architect giuseppe farris we have developed *isola*, a concept that answers the need to guide the streams of tourists through venice. / **samen met de italiaanse architect giuseppe farris ontwikkelden we *isola*, een concept dat tegemoet komt aan de vraag om de stroom toeristen in venetië in goede banen te leiden.** / *c'est en collaboration avec l'architecte italien giuseppe farris que nous avons réalisé* isola, *un concept qui répond à la demande de mener à bien le flux des touristes à venise.*

www.farris.it
www.hellovenezia.com

018

isola

competition

the object of this competition was twofold: creating a tourist pavilion plus making a proposal to organise the pickup places and ticket sales of public transport better. the problem in venice is its water and tides. this is why we wanted to build floating islands on four locations in the water. there are pickup places for boats on each island. we chose to build on water because there is no room to do so in the city itself. it would almost automatically result in a conflict with the architecture and urban development. organising a large crowd is somewhat easier on water than it would be in an old town with narrow streets. furthermore this way we sail around the problems of high and low tides and we create quiet green spots in this city. / **de wedstrijd was tweeledig opgevat: enerzijds een toeristisch paviljoen creëren, anderzijds een voorstel doen om de opstap-plaatsen en ticketverkoop voor het openbaar vervoer beter te organiseren. in venetië wordt je onvermijdelijk geconfronteerd met het probleem van het water en zijn getijden. we wilden daarom op vier plaatsen drijvende eilanden in het water bouwen, met opstapplaatsen voor de boten. de keuze om op het water te bouwen is ingegeven**

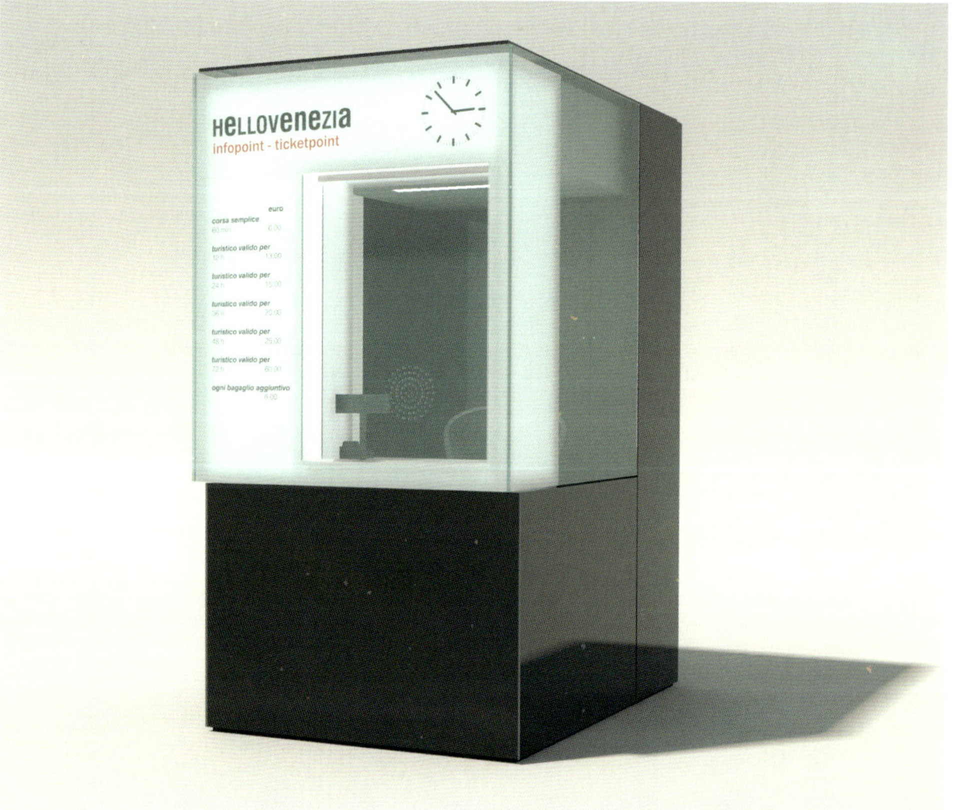

018

isola

competition

door het ruimtegebrek in de stad, dat bijna automatisch tot een conflict leidt met de architectuur en stedenbouw. een grote mensenstroom organiseren is op het water iets makkelijker dan in een oude stad met smalle straten. bovendien omzeilen we op die manier ook de problematiek van hoog en laag water en creëren we groene rustplekken in de stad. / *ce concours reposait sur deux principes: créer un pavillon touristique et formuler une proposition afin de mieux organiser les arrêts et les points de vente des billets des transports publics. mais le problème de venise, c'est l'eau avec ses marées. voilà pourquoi nous voudrions construire des îlots flottants à quatre endroits. sur chaque îlot, il est possible de monter à bord des bateaux. si nous avons choisi de construire sur l'eau, c'est par manque de place en ville. on y est en effet quasi automatiquement confronté à des conflits entre l'architecture et l'urbanisme. il est un peu plus simple de canaliser un flux de touristes sur l'eau que dans une vieille ville aux rues étroites. de plus, nous contournons ainsi le problème des marées, en créant par la même occasion des aires de repos et de verdure dans cette ville.*

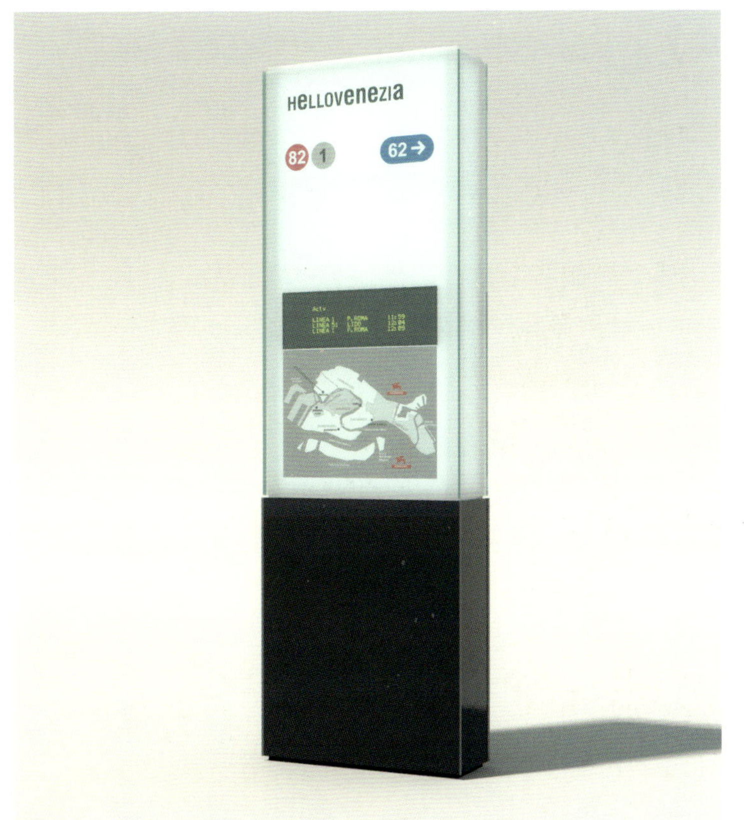

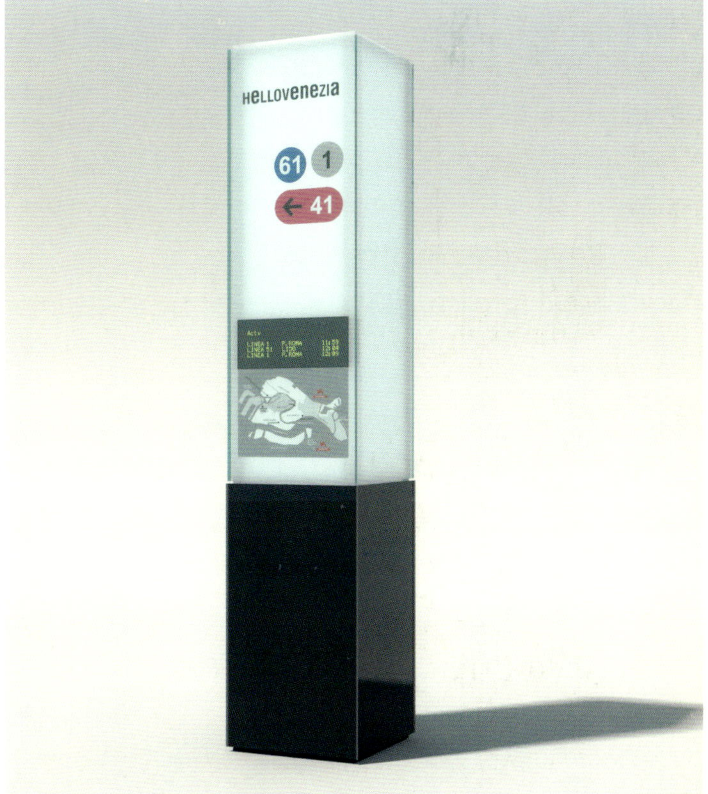

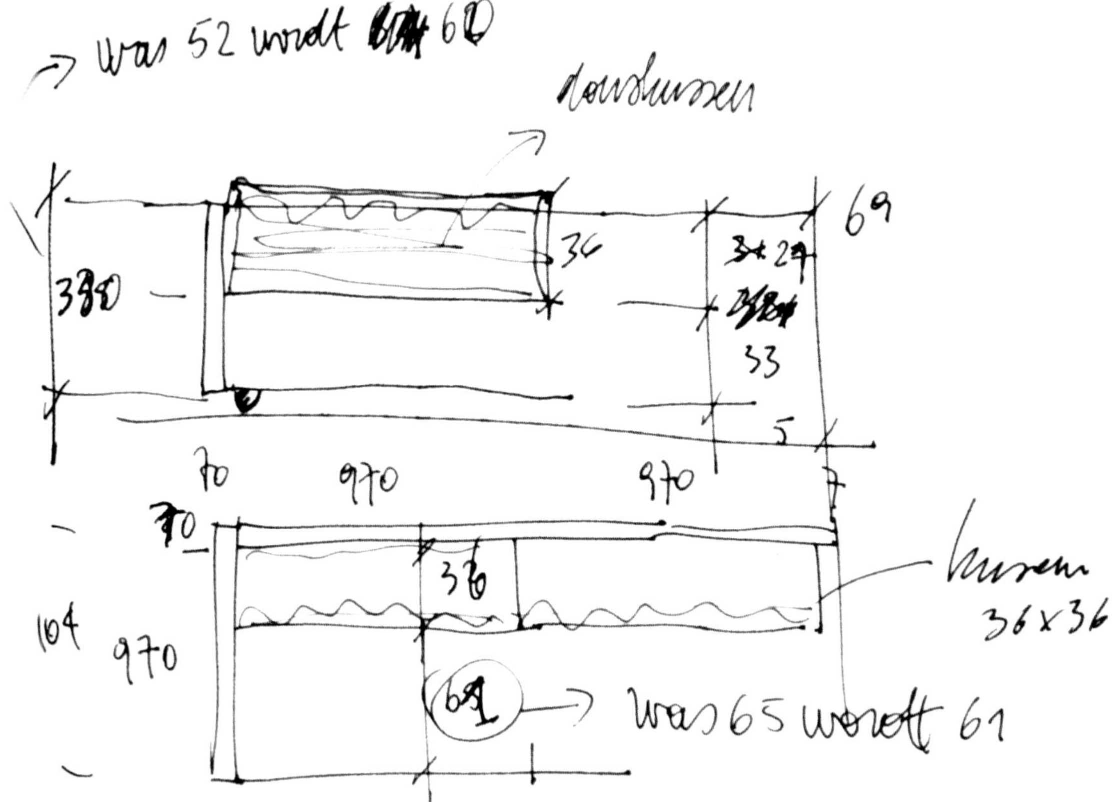
was 52 wordt 60
69
36
33
5
70
970
970
7
104
970
36
36 x 36
was 65 wordt 61

jongform

with *james* i wanted to create a kind of cassette (box open on one side) in different sizes. some sizes allow two people to huddle together (love-seat), in some longer versions one can stretch out completely. by means of a corner element different combinations are possible. the cushions are straight and when you take them away the sofa can be used as a bed. the cushions in the back are rectangular and are placed tightly into the volume. the cushions can be used in several directions. / **met *james* wilde ik een soort cassette (doos met één open zijde) maken in verschillende volumes. zo is er een volume waar je met twee personen kan inkruipen (love-seat), of een langer volume waarin je languit kan liggen. met behulp van een hoekelement kunnen verschillende combinaties gemaakt worden. de zitkussens lopen recht naar achter; wanneer ze weggenomen worden, kan het geheel als bed gebruikt worden. de rechthoekige rugkussens worden strak in het volume geplaatst en kunnen in verschillende richtingen gebruikt worden.** / *avec* james, *je voulais créer une sorte de cassette (une boîte dont un côté est ouvert) en différents volumes, tel volume permettant que deux personnes s'y installent (*love seat*), tel autre volume étant conçu pour s'y étendre. à l'aide d'un élément d'angle, des différentes combinaisons deviennent possibles. les coussins partent vers le fond en ligne droite, on peut donc les enlever pour transformer la cassette en lit. les coussins du dos sont rectangulaires et sont posés avec rigidité dans le volume. les coussins peuvent également être utilisés dans différents sens.*

www.jongform.be

FAX TO JONGFORM +32 89 36 4015

Stockholm, 07 02 2002.

James

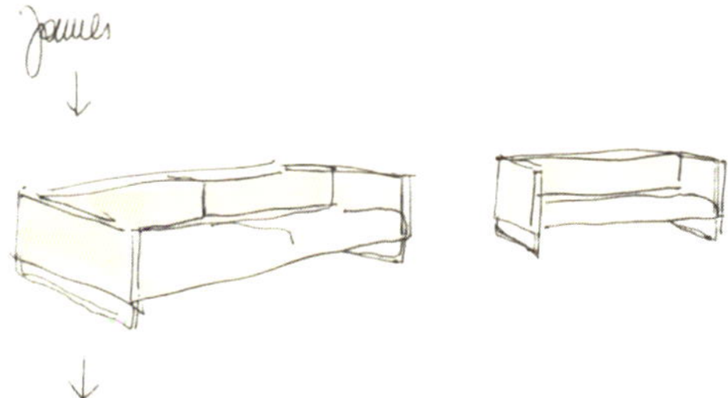

met James wilde ik een soort cassette (doos met 1 zijde open) maken in 2 volumes 1 volume waarin je met twee personen kan inkruipen en een dubbel volume waarin je languit kan liggen. De zitting loopt recht voor achter, zodat je de kussens kan wegnemen en het als een bed gebruiken.
de kussens zijn rechthoekig en worden strak in het volume geplaatst. met de sledepoten wilde ik het architecturale karakter nog versterken.

Met vriendelijke groeten,

S SCHÖNING

la cage

dark

la cage is an attempt to save the light bulb from extinction. the cage in folded steel wire serves as a reserve for this threatened species and positions the light bulb centrally. with this basic version comes a series of add-ons such as a door, a skirt in real lace, a carrier bag, and much more. / ***la cage*** **is een poging om de gloeilamp te redden. de uit staaldraad geplooide kooi doet dienst als reservaat voor deze met uitsterven bedreigde soort en positioneert de lamp op een centrale plek. bij deze basisversie hoort een reeks add-ons zoals een deurtje, een echt kanten rokje, een draagzak, enz.** / *avec* la cage*, je souhaite tenter de sauver la lampe incandescente de la disparition. la cage de fil d'acier plié sert de réserve naturelle pour cette espèce en voie de disparition et elle positionne l'ampoule en plein centre. cette version de base s'accompagne d'une série d'accessoires en option, dont une petite porte, une jupette en soie véritable, un sac et bien plus encore.*

www.dark.be

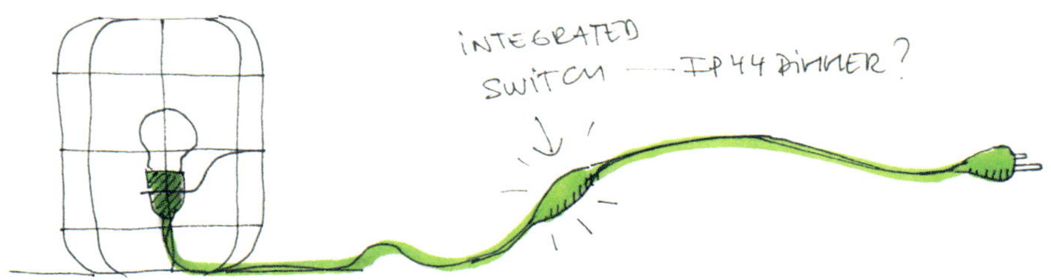
INTEGRATED
SWITCH —— IP44 DIMMER?

one-off / three
propeller — coccodrillo

shoehorn for the multibrand store coccodrillo in antwerp. the shape of this shoehorn was conceived as a propeller with the handle replaced by the shoehorn itself in reversed position, like the blades of the propeller of a plane. as for the materials, we searched for a solution towards high-quality carbon fibre, which oozes luxury.

schoenlepel voor de multibrand winkel coccodrillo in antwerpen. de schoenlepel heeft de vorm van een propeller, waarbij het handvat vervangen werd door de lepel zelf die in tegenovergestelde richting is geplaatst, zoals de bladen van een vliegtuigpropeller. als materiaal kozen we een hoogwaardige koolstof-vezel, wat voor een luxueuze uit-straling zorgt.

chausse-pied pour la boutique coccodrillo à anvers. la forme de ce chausse-pied est conçue comme une hélice, le manche ayant été remplacé par le chausse-pied même qui se trouve en position opposée, à l'instar des pales d'une hélice d'avion. pour le choix du matériau, nous avons cherché une solution à partir de fibres de carbone dont émane une impression de luxe.

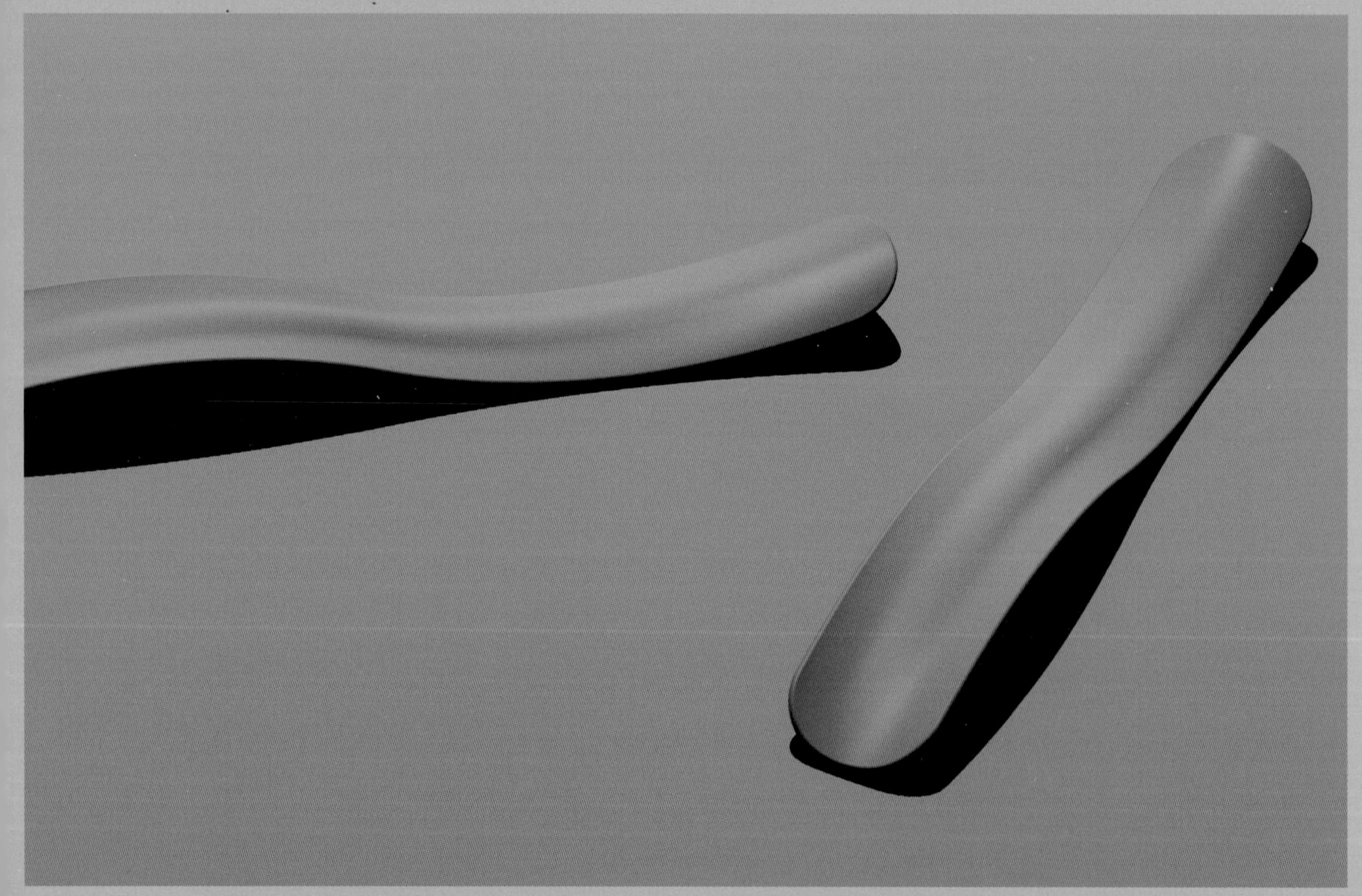

www.coccodrillo.be

mingus

durlet

mingus is the successor of coltrane which i made 10 years ago for durlet. whereas *coltrane* was constructed from different layers with thick cushions, *mingus* is the result of a thorough analysis. the cushions have been removed or heavily reduced. the remainder is a thick sheet of saddle leather which offers the necessary comfort due to its cut and suspension. this 'one layer' approach also offered the opportunity to study the unfolding of the unit; the result is a carefully finished line pattern. *mingus* is still in the development process; the final prototype has not been finalised yet. / ***mingus*** **– momenteel nog in volle ontwikkeling – is de opvolger van coltrane dat ik tien jaar geleden voor durlet creëerde. in tegenstelling tot *coltrane*, dat opgebouwd was uit verschillende lagen met dikke kussens, is *mingus* het resultaat van een grondige analyse. de kussens zijn weggenomen of flink gereduceerd. wat overblijft is een dik vel zadelleer dat door zijn uitsnijding en ophanging het nodige comfort biedt. door deze 'one layer' benadering kon ook de ontvouwing van het geheel bestudeerd worden, wat resulteert in een zorgvuldig afgerond lijnenspel.** / mingus *est le successeur de* coltrane *que j'avais créé il y a 10 ans pour durlet. là où* coltrane *se composait de différentes couches de coussins épais, ce* mingus *est le fruit d'une analyse approfondie. les coussins ont disparu ou ont été fortement restreints. ce qui subsiste est une épaisse feuille de cuir de selle qui par sa découpe et son mode de suspension offre tout le confort nécessaire. cette approche 'one layer' permet en outre de mieux étudier la façon de déplier l'ensemble, ce qui résulte en un jeu de lignes soigneusement arrondies. vous êtes ici témoin de la phase de développement. au moment où nous mettons sous presse, le modèle définitif n'est pas encore achevé.*

www.durlet.be

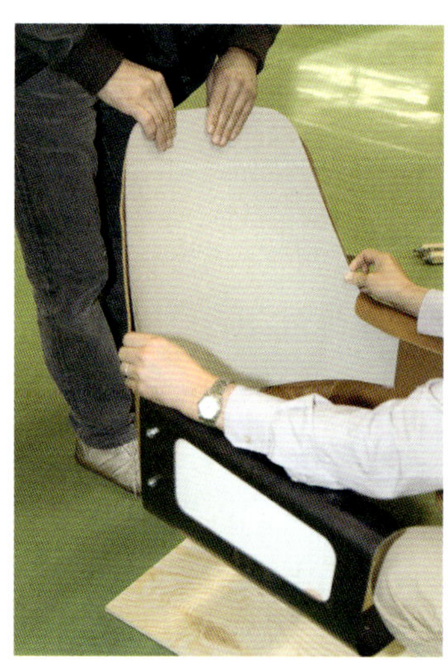

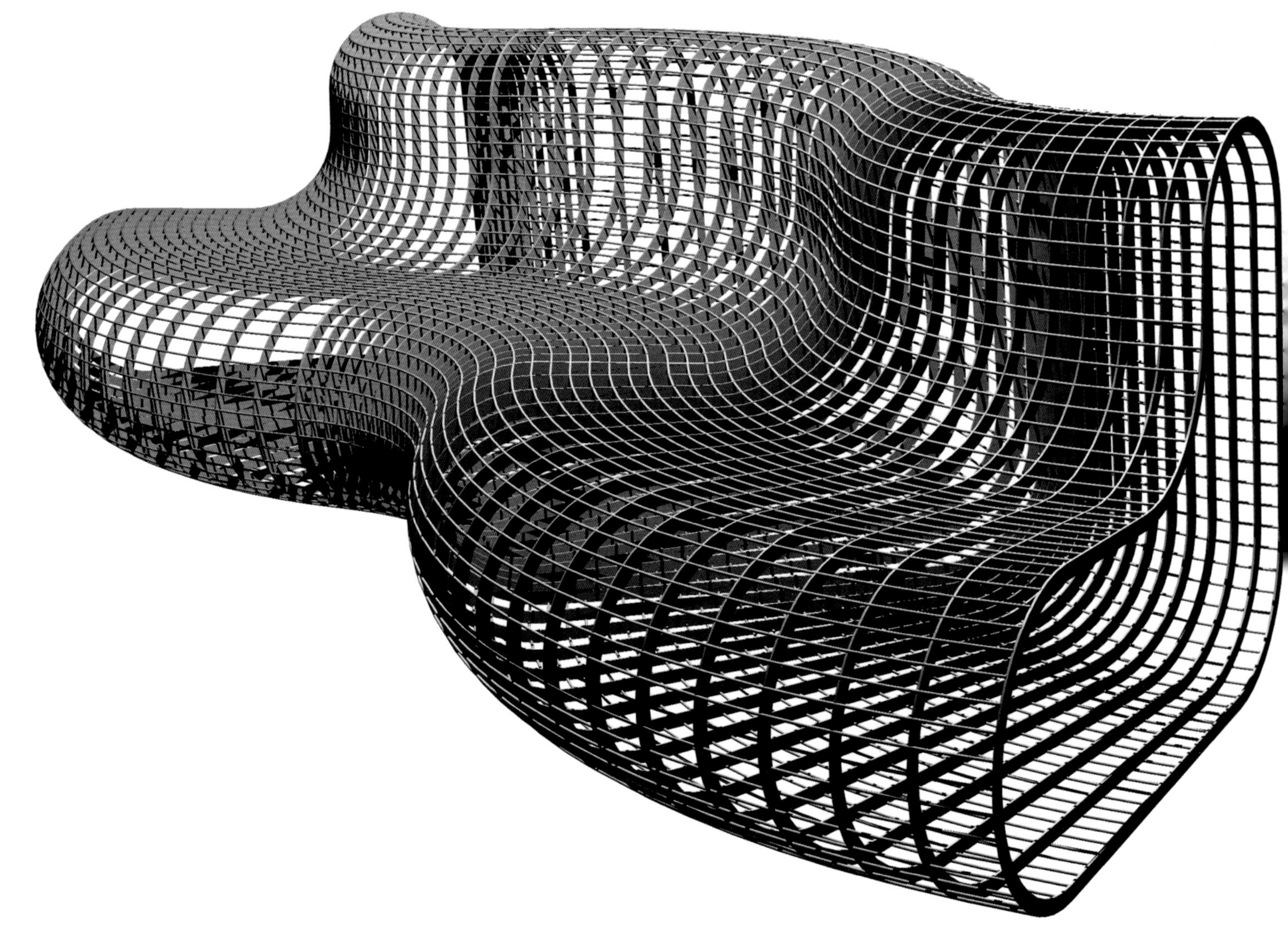

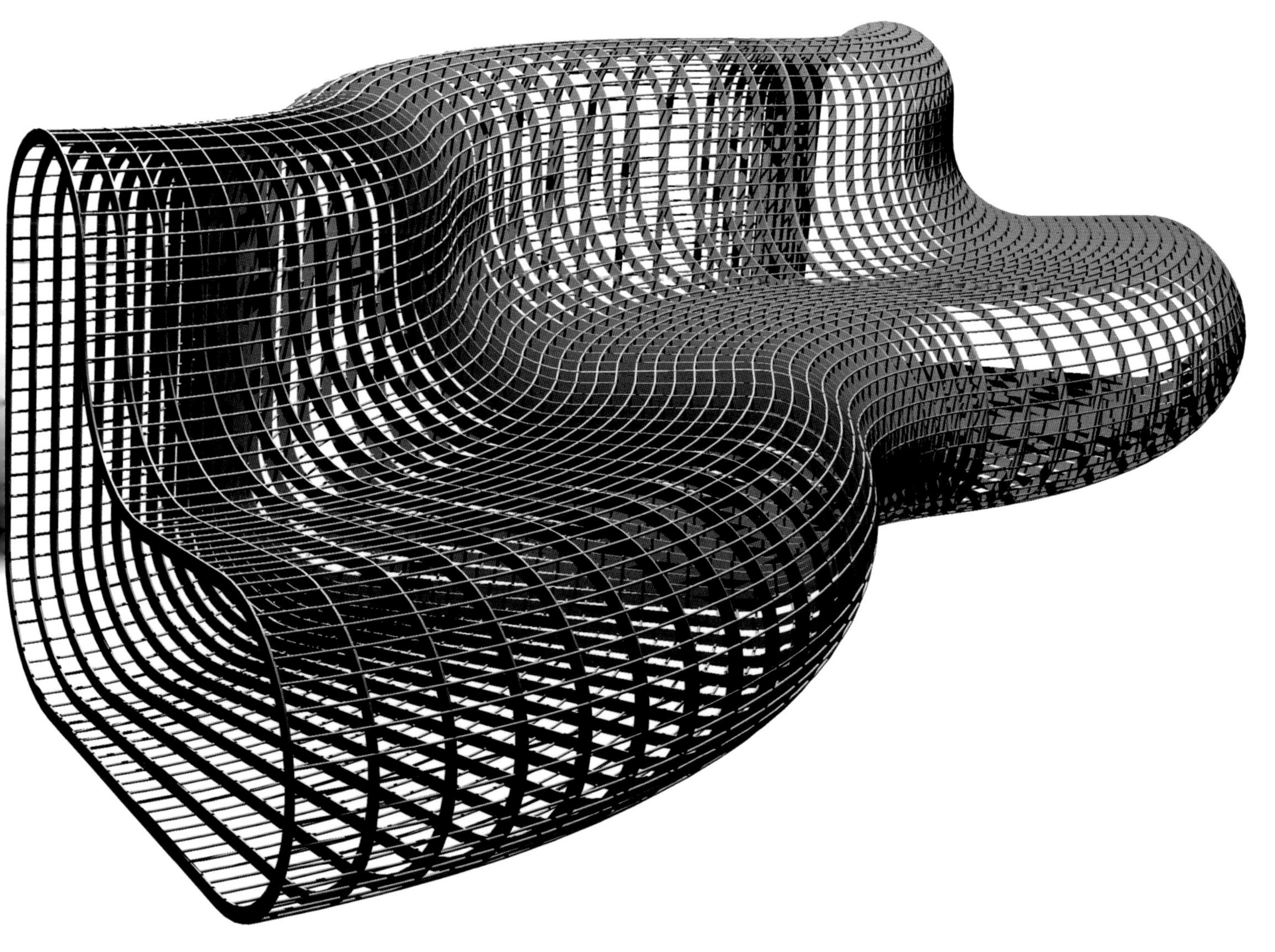

022

modenatiesofa

flanders fashion institute

this modular sofa was commissioned by the flanders fashion institute. because of the specific architecture of the corner building (the 'modenatie') and the presence of many pillars, i wanted to find a way to design a sofa that would be easy to integrate in this exhibition space. the solution was a settee, consisting of a basic component with two curving elements (inner and outer bend). they can be connected to twist through the room like a snake. / **deze modulaire sofa werd gemaakt in opdracht van het flanders fashion institute. de specifieke architectuur van het hoekgebouw (de modenatie) en de aanwezigheid van de vele zuilen inspireerden mij in mijn zoektocht naar een manier om een bank te ontwerpen die zich makkelijk in deze tentoonstellingsruimte laat integreren. het resultaat is een bank met als basiscomponent twee gebogen elementen (binnen- en buitenbocht) die aan elkaar geschakeld kunnen worden, zodat ze als het ware als een slang in de ruimte kronkelen.** / *j'ai créé ce canapé modulaire à la demande de la flanders fashion institute. de par l'architecture spécifique du bâtiment à l'angle de deux rues (la 'modenatie') et la présence de nombreux piliers, j'ai cherché une façon de créer un canapé qui se laisse facilement intégrer dans cette salle d'exposition. la solution est un canapé avec comme structure de base deux éléments qui s'incurvent (courbe intérieure et extérieure). ils peuvent aussi s'agencer pour ainsi donner l'impression de serpenter à travers la pièce.*

www.ffi.be
www.modenatie.be

R5
R1393
860
R5
171
R1175
641
800
730
611
560
379
93°
87°
Oscar zijaanzicht
880

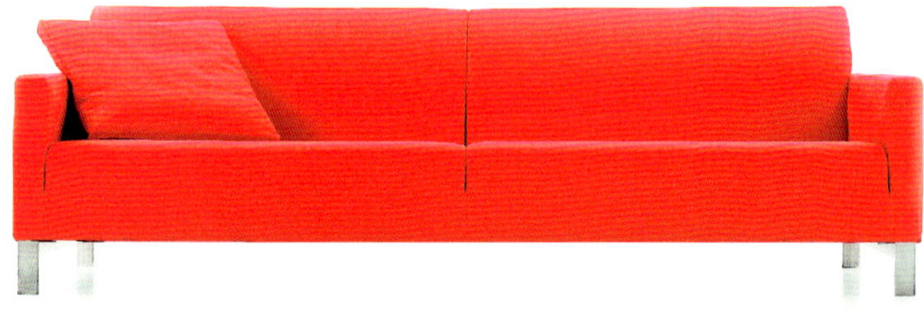

024

parker

jongform

PARKER ·JONGFORM

Stefan was de eerste Belgische ontwerper met wie JongForm samenwerkte. Als producent van architecturaal design was de keuze voor Stefan evident, vermits zijn ontwerpen gedragen worden door hun tijdloze karakter. Hoewel hij een productdesigner is, merkt men duidelijk de link met de architectuur in de producten die hij voor ons ontworpen heeft.

De veelzijdigheid van Stefan verrast mij niet; hij is steeds op zoek naar de juiste vorm in verschillende domeinen. Ik ken hem als een ontwerper met een gedreven wil. Bij het bespreken van zijn ontwerpen is hij standvastig en zal hij ook bijna nooit de basislijn van zijn ontwerp verlaten. Hij hecht veel belang aan de esthetiek van de vorm en zal dan ook proberen om in de eenvoud van zijn ontwerpen, de juiste spanning in de vorm te brengen. Hiermee drukt hij een persoonlijke stempel op zijn producten.

Hij weet dat de belangrijkste invloed van design het welzijn is van de mensen, vandaar de hoge esthetisch en kwalitatieve standaard waarmee hij zijn producten ontwerpt.

Ik wens hem in zijn verdere carrière de kracht en inspiratie om een meerwaarde te kunnen blijven voor het Belgische design.

Eveneens wil ik Stefan bedanken voor zijn persoonlijke engagement en zijn kwalitatieve bijdrage aan onze collecties.

—

Marc Huls / gedelegeerd bestuurder / JongForm

Stefan was the first Belgian designer whom JongForm cooperated with. Being a producer of architectural design Stefan was an obvious choice, as his designs are supported by their timeless character. Although he is a product designer, one can clearly notice the link with architecture in the products he has designed for us.

Stefan's versatility does not come as a surprise to me; he is continuously looking for the perfect shape in different domains. I know him as a passionate, strong-willed designer. When discussing his designs he is persistent and he almost never abandons the basic line of his design. The aesthetical aspect of the shape is very important to him; that is why he will always try, in the simplicity of his designs, to bring the right tension into the shape. In doing so he leaves a personal stamp on his products.

He realises that the most important influence of design is people's well-being; hence he adheres to a high aesthetical and qualitative standard in the design of his products.

I wish him in his further career the strength and inspiration needed to remain an added value for Belgian design.

I would also like to thank Stefan for his personal engagement and his qualitative contribution to our collections.

—

Marc Huls / delegate director / JongForm

Stefan fut le premier créateur belge avec lequel JongForm a collaboré. En tant que producteur de design architectural, Stefan était un choix évident, car ses créations sont imprégnées d'un caractère atemporel. Bien qu'il soit un concepteur de produits, on relève d'emblée le lien vers l'architecture dans les objets qu'il a créés pour nous.

Le côté polyvalent de Stefan ne m'étonne nullement, il est sans cesse à la recherche de la forme exacte dans différents domaines. Je le connais comme un créateur à l'esprit volontaire. Lorsque nous discutons de ses projets, il se montre persévérant et il est rare de le voir s'écarter de sa ligne de base. Il attache une grande importance à l'esthétisme de la forme et il s'efforcera toujours d'introduire dans la simplicité de ses créations la tension parfaite dans la forme. Ainsi, ses produits portent une signature toute personnelle.

Il n'est pas sans ignorer que l'effet principal du design est le bien-être de l'homme, d'où les normes esthétiques et qualitatives élevées qu'il impose à ses œuvres.

Je lui souhaite beaucoup de force et d'inspiration dans la suite de sa carrière afin qu'il puisse continuer de représenter une plus-value pour le design belge.

Je tiens également à remercier Stefan pour son engagement personnel et ses contributions de qualité à nos collections.

—

Marc Huls / administrateur délégé / JongForm

one-off / four
sneakerpimps — maf

in cooperation with the museum of fashion of the province of antwerp – momu, the non-profit organisation m.a.f. is bringing the sneakerpimps worldtour to europe for the first time. the idea underlying the exhibition is peter fahey's, an australian entrepreneur. he arrived at the idea of putting together a very diverse sneaker collection to take on tour to every capital city in the world. the collection consists of limited edition sneakers and unique 'one of a kind' artist customised sneakers. the collection has expanded to over 700 rare sneakers since. especially for the belgian/european edition there will also be exclusive belgian sneakers on display. to achieve this, non-profit organisation m.a.f. will collaborate with belgian artists and hipsters. the sneakerpimps worldtour keeps up pace with the hottest street art and fashion trends in cities like tokyo and new york. stars like pharell williams, justin timberlake or james lavelle never leave home without their 'one of a kind' sneakers.

in samenwerking met het modemuseum provincie antwerpen – momu brengt de vzw m.a.f. de sneakerpimps worldtour voor het eerst naar europa. het idee achter de tentoonstelling komt van de australische ondernemer peter fahey. hij kwam op het idee om een unieke en zeer diverse sneaker collectie samen te stellen en ermee te gaan touren in alle wereldsteden. de collectie bestaat uit limited edition sneakers en unieke 'one of a kind' artist customised sneakers. de collectie is ondertussen uitgegroeid tot meer dan 700 zeldzame sneakers. speciaal voor de belgisch/europese editie zullen ook exclusieve belgische sneakers tentoongesteld worden. hiervoor werkt de vzw m.a.f. samen met belgische artiesten en hipsters. de sneakerpimps worldtour houdt de vinger aan de pols van de hotste street art en fashion trends in steden zoals tokyo en new york. sterren zoals pharell williams, justin timberlake en james lavelle verlaten het huis niet zonder hun 'one of a kind' sneakers.

en collaboration avec le musée de la mode de la province d'anvers – momu – l'a.s.b.l. m.a.f. a fait venir pour la toute première fois le sneakerpimps worldtour en europe. l'idée qui se cache derrière cette exposition vient de l'entrepreneur australien peter fahey. l'idée lui est venue de composer une collection très diverse de baskets et de l'emporter en une tournée de toutes les grandes villes du monde. la collection se compose de baskets à édition limitée et de chaussures one of a kind *uniques personnalisées par des artistes. depuis, la collection a pris de l'ampleur et totalise à présent plus de 700 de ces* sneakers *rares. tout spécialement pour l'édition belge/européenne, des chaussures exclusives belges seront également exposées. a cet effet, m.a.f. collabore avec des artistes et des créateurs hip belges. le sneakerpimps worldtour suit de près le* street art *et les tendances de la mode qui règnent dans des villes comme tokyo et new york. des stars comme pharell williams ou justin timberlake et james lavelle ne sortent jamais sans avoir d'abord enfilé leurs baskets* one of a kind.

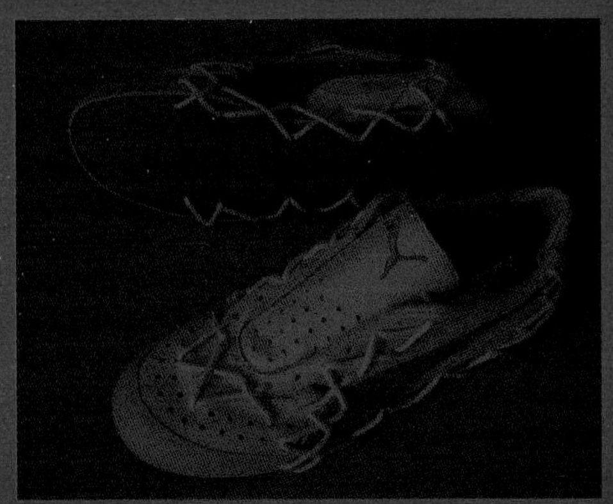

intensia

complete range of appliances for the automation of the home / **een compleet gamma voor domotica** / *gamme complète d'appareils automatiques pour la maison.*

www.intensia.be

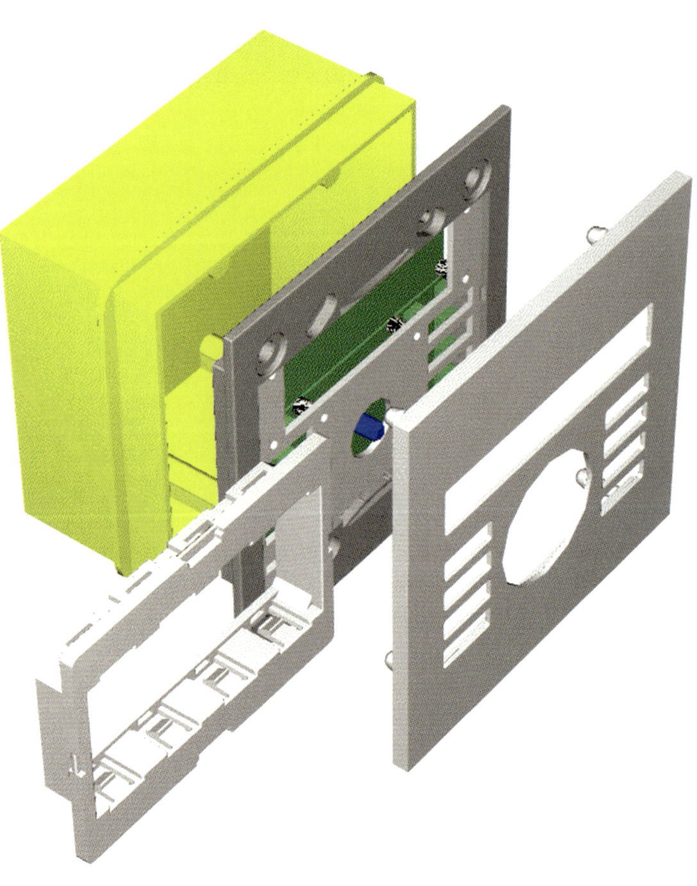

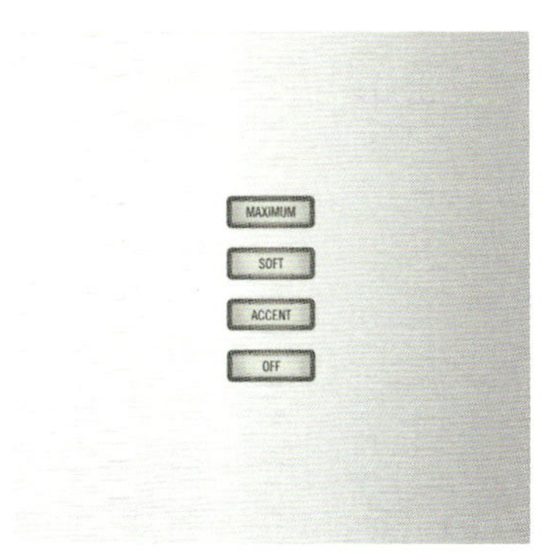
MAXIMUM
SOFT
ACCENT
OFF

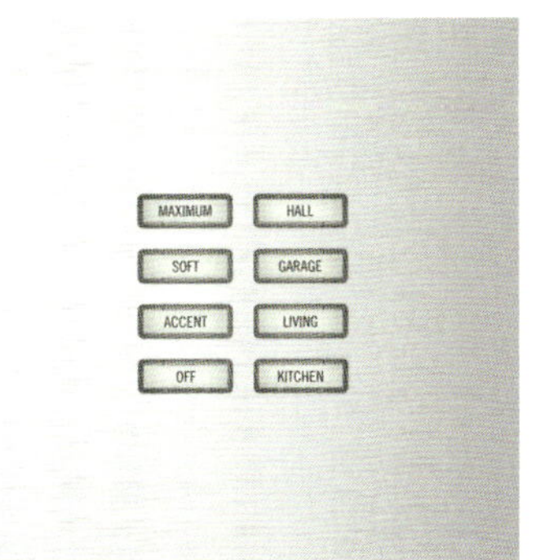
MAXIMUM
HALL
SOFT
GARAGE
ACCENT
LIVING
OFF
KITCHEN

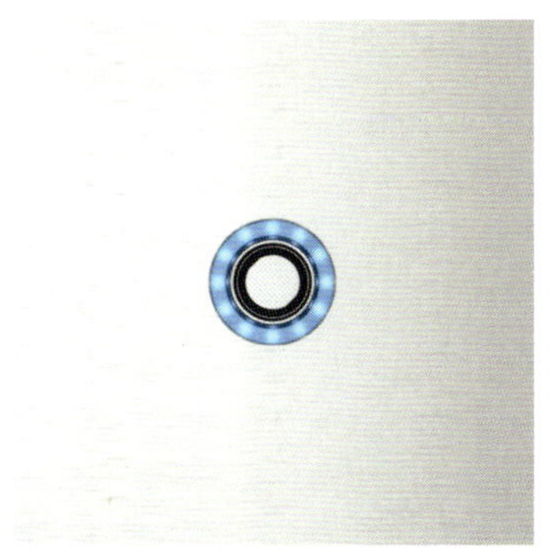

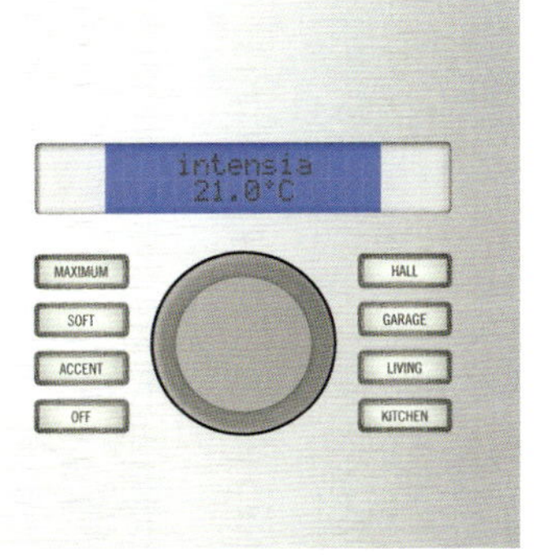
intensia
21.0°C
MAXIMUM
SOFT
ACCENT
OFF
HALL
GARAGE
LIVING
KITCHEN

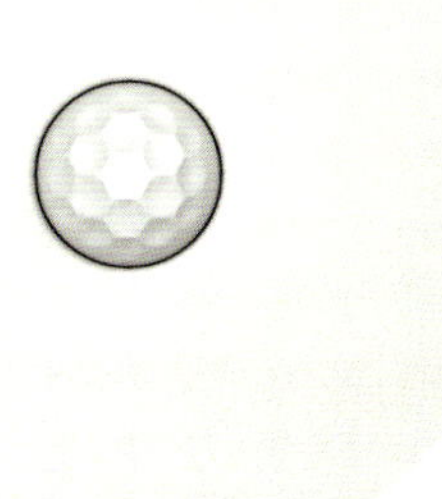

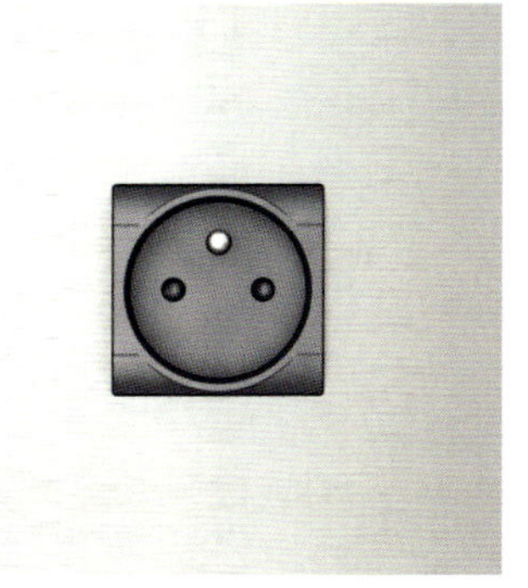

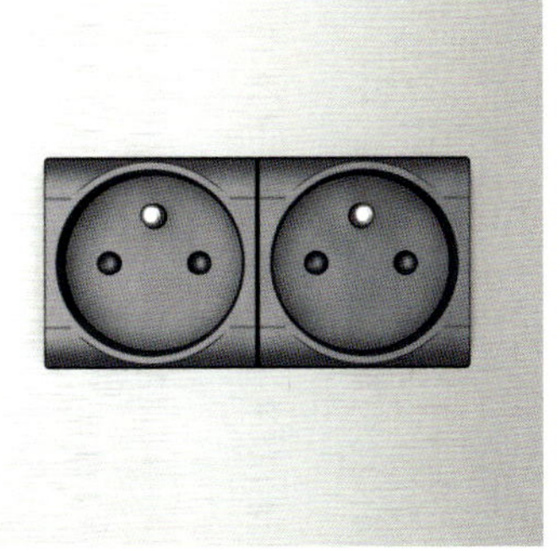

CAMERA
OPEN

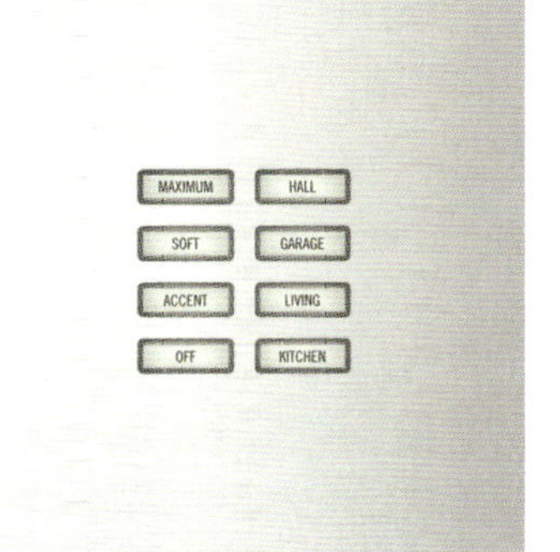
MAXIMUM
HALL
SOFT
GARAGE
ACCENT
LIVING
OFF
KITCHEN

solo

sur&plus

www.sur-plus.be

whenever you eat a popsicle and you end up with the stick in your hand you could make a beautiful shape by bending it. the design of *spoon* is based on this idea and i soon noticed that when i created it life-sized there was a pleasant extra rocking effect. this goes to show that design cannot always come about rationally. experimenting with models often helps me find new ideas. *spoon* is made from laminated birch and has been standing in my living room since 1998. / **wanneer je een ijsje eet, kan je het stokje achteraf ombuigen tot een mooie vorm. dit idee leidde tot het ontwerp van *spoon* en al gauw merkte ik dat er bij het uitwerken op ware grootte een plezierig schommeleffect aan verbonden was. dit bewijst dat design niet altijd op een rationele manier tot stand komt. experimenteren met modellen is voor mij vaak een hulpmiddel om tot nieuwe ideeën te komen. *spoon* is gemaakt uit gelamineerd beukenhout en staat sinds 1998 in mijn huiskamer.** / *lorsqu'on a dégusté une glace et que l'on tient le bâtonnet entre les doigts, il est possible, rien qu'en le pliant, de réaliser une jolie forme. c'est de cette idée que je me suis inspiré pour ce projet et je me suis bien vite rendu compte lors de son élaboration grandeur nature qu'il s'accompagne d'un amusant effet secondaire de balancement. voilà qui démontre bien que le design ne relève pas nécessairement de la seule rationalité. j'ai souvent expérimenté avec des modèles afin d'aboutir à de nouvelles idées. spoon est fabriqué à partir de hêtre stratifié. il orne ma salle de séjour depuis 1998.*

one-off / five tiles — autoproject

this assignment, through a competition, contains a complete program of new traffic lights. the challenge is to combine the different and specific demands, in urban as well as rural settings. the result is a modular concept that heightens safety by the possibility to give each lane its own light. dangerous manoeuvres will be marked extra: the left turn gets a performing half white screen. by manufacturing the components beforehand, installation time on-site will be limited. moreover, the use of led-technique will also limit maintenance. / **deze opdracht verliep via een wedstrijd en behelst een volledig programma van nieuwe verkeers-lichten. de uitdaging ligt in het combineren van verschillende en specifieke eisen, zowel in een stads-omgeving als in een landelijke omgeving. het resultaat is een modulair concept waarbij de veiligheid verhoogd wordt door de mogelijkheid om – waar nodig – voor elk rijvak één verkeerslicht te voorzien. gevaarlijke manoeuvres worden hierbij extra goed aangeduid: voor wie links afslaat, is er een performant halfwit scherm voorzien. door de onderdelen op voorhand te vervaardigen, blijft de installatie ter plaatse beperkt. bovendien wordt het onderhoud beperkt door het gebruik van led techniek.** / *cette commande, dont le point de départ fut un concours, englobe tout un programme de nouveaux feux de signalisation. le défi consistait à combiner les différentes exigences spécifiques, tant dans un environnement urbain que dans un environnement rural. le résultat est un concept modulaire augmentant la sécurité grâce à la possibilité de prévoir des feux pour chaque bande individuelle. les manœuvres dangereuses sont signalées avec insistance: la sortie de gauche reçoit un écran demi-blanc performant. la fabrication préalable des éléments réduit l'installation sur site. en plus, l'utilisation de la technique led réduira l'entretien.*

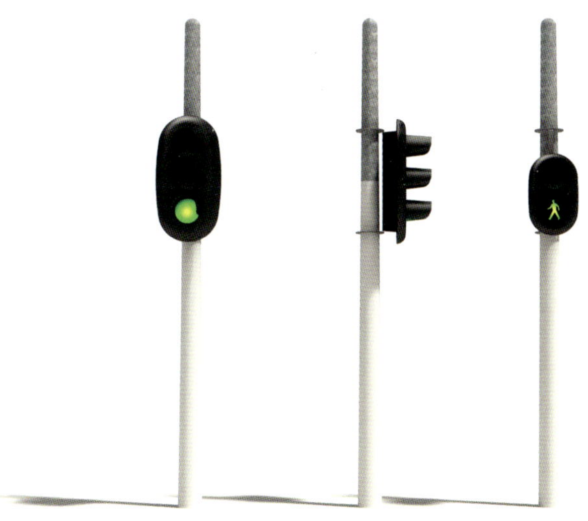

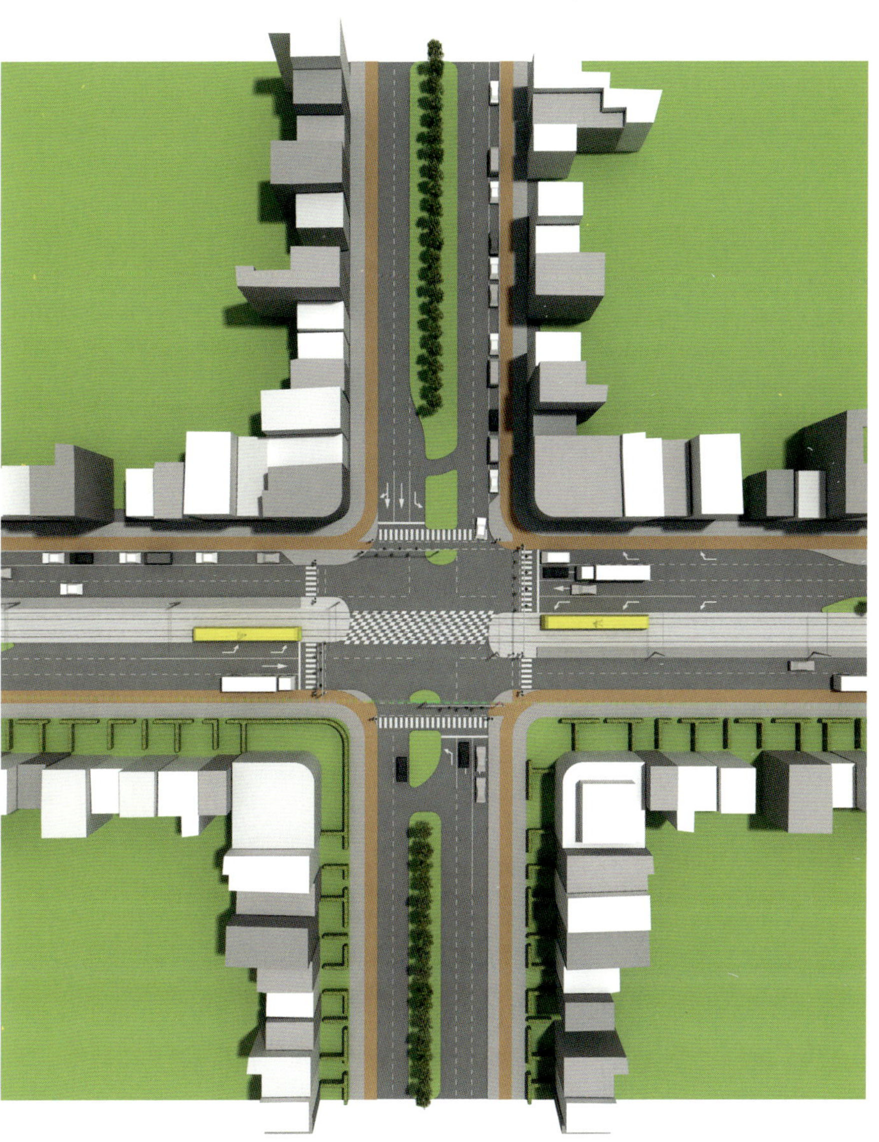

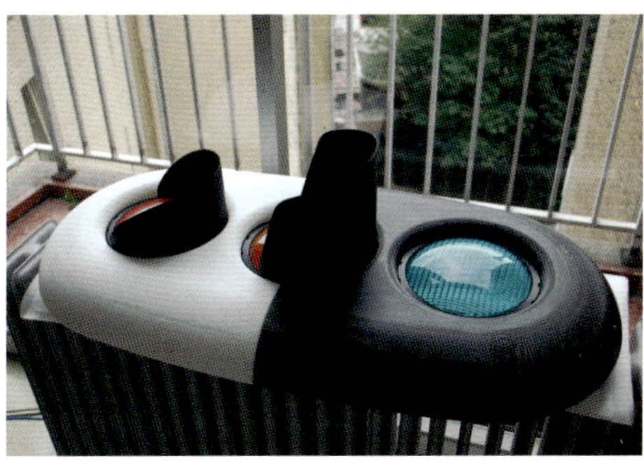

70

flemish government

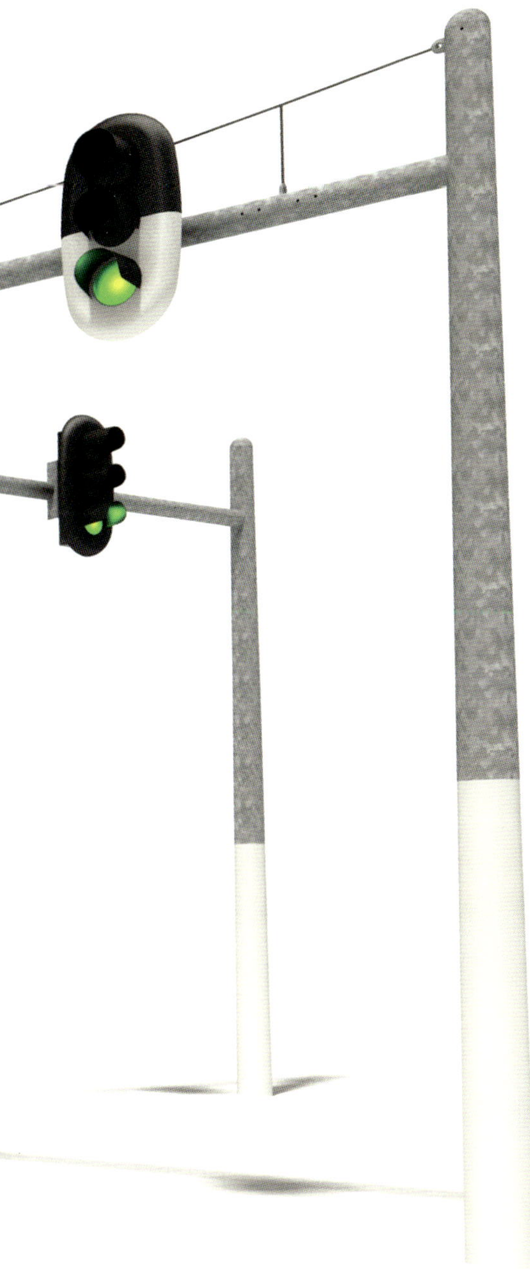

the chosen materials and the modular construction of the carriers will enable serial production, which will lower the costs per unit. uniform application of the design will create a general image that will not disturb the street scene. the innovative and soft nature of the design will add to a more pleasant scene that will help avoid traffic aggression. / **door de materiaalkeuze en de modulaire opbouw van de dragers zal de productie op seriebasis gebeuren, wat een kostenverlaging per eenheid met zich meebrengt. de eenduidige toepassing van de ontwerpen zorgt voor een algemene beeldvorming die het straatbeeld niet verstoort. het vernieuwende en zachte karakter van het ontwerp draagt bij tot een aangenamer straatbeeld dat agressie in het verkeer kan vermijden.** / *grâce au choix des matériaux et au montage modulaire des supports, la production se fera en série, ce qui entraîne une réduction du coût par unité. l'application uniforme des projets assure une perception générale qui ne porte aucunement atteinte à l'aspect de la rue. le caractère innovateur et serein du projet contribue à une sensation plus agréable dans les rues et il est ainsi susceptible de réduire les cas de comportements agressifs dans la circulation.*

www.flanders.be

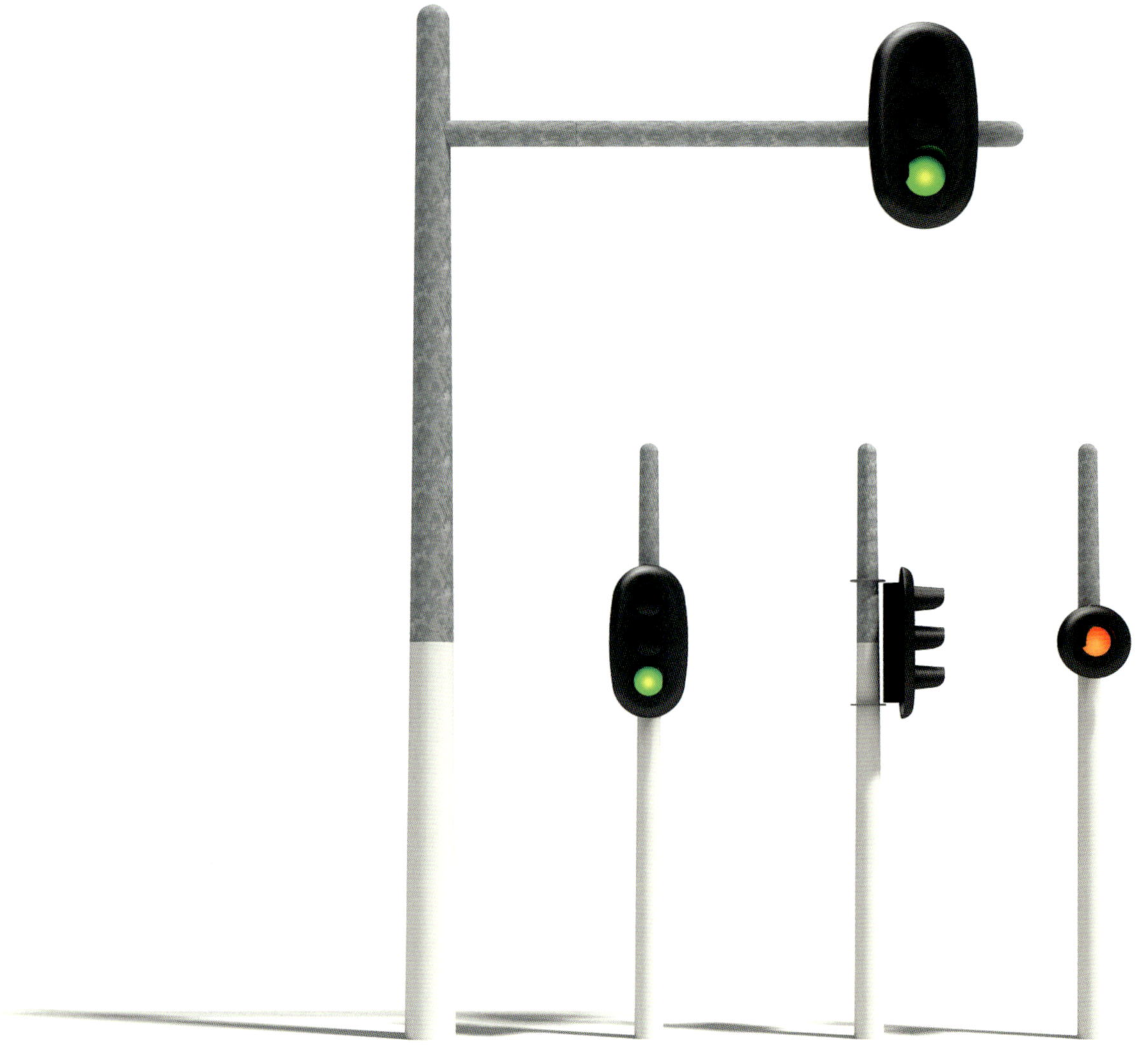

traffic lights

flemish government

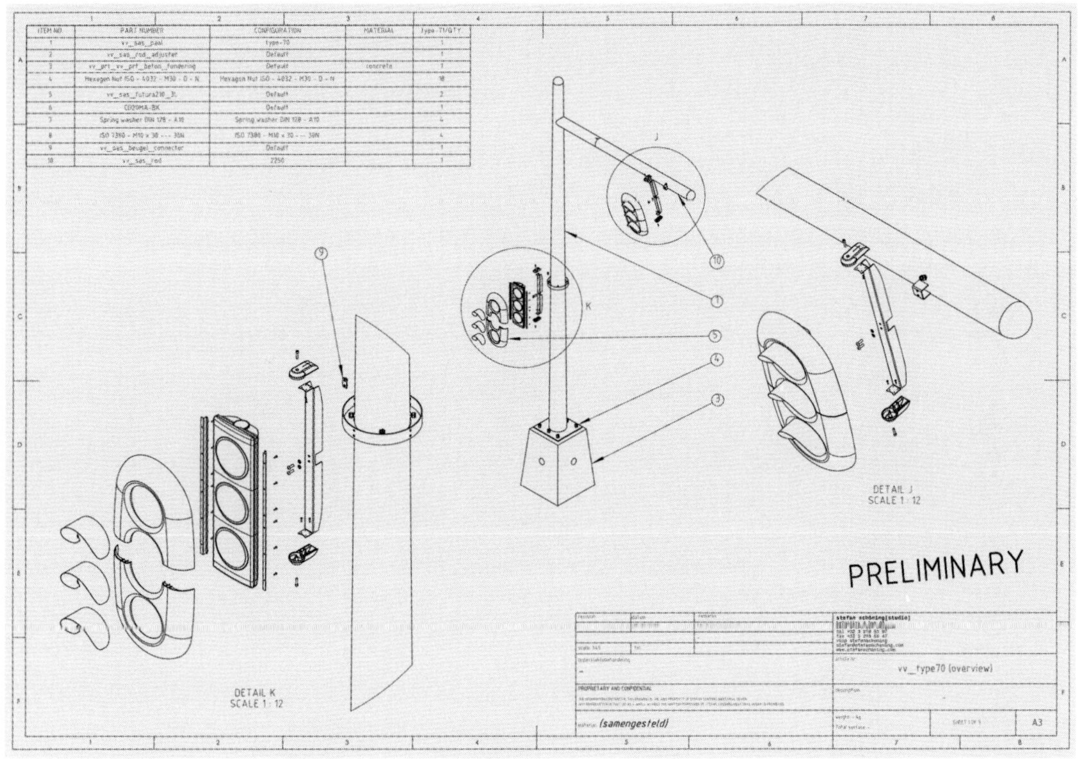
ITEM NO | PART NUMBER | CONFIGURATION | MATERIAL | type-70/QTY
1 | vv_sas_paal | type-70 | | 1
2 | vv_sas_rod_adjuster | Default | | 1
3 | vv_prt_vv_prt_beton_fundering | Default | concrete | 1
4 | Hexagon Nut ISO - 4032 - M30 - D - N | Hexagon Nut ISO - 4032 - M30 - D - N | | 18
5 | vv_sas_futura210_3L | Default | | 2
6 | CD20MA-BK | Default | | 1
7 | Spring washer DIN 128 - A10 | Spring washer DIN 128 - A10 | | 4
8 | ISO 7380 - M10 x 30 --- 30N | ISO 7380 - M10 x 30 --- 30N | | 4
9 | vv_sas_beugel_connecter | Default | | 1
10 | vv_sas_rod | 2250 | | 1
DETAIL K
SCALE 1 : 12
DETAIL J
SCALE 1 : 12
PRELIMINARY
vv_type70 (overview)
(samengesteld)
A3

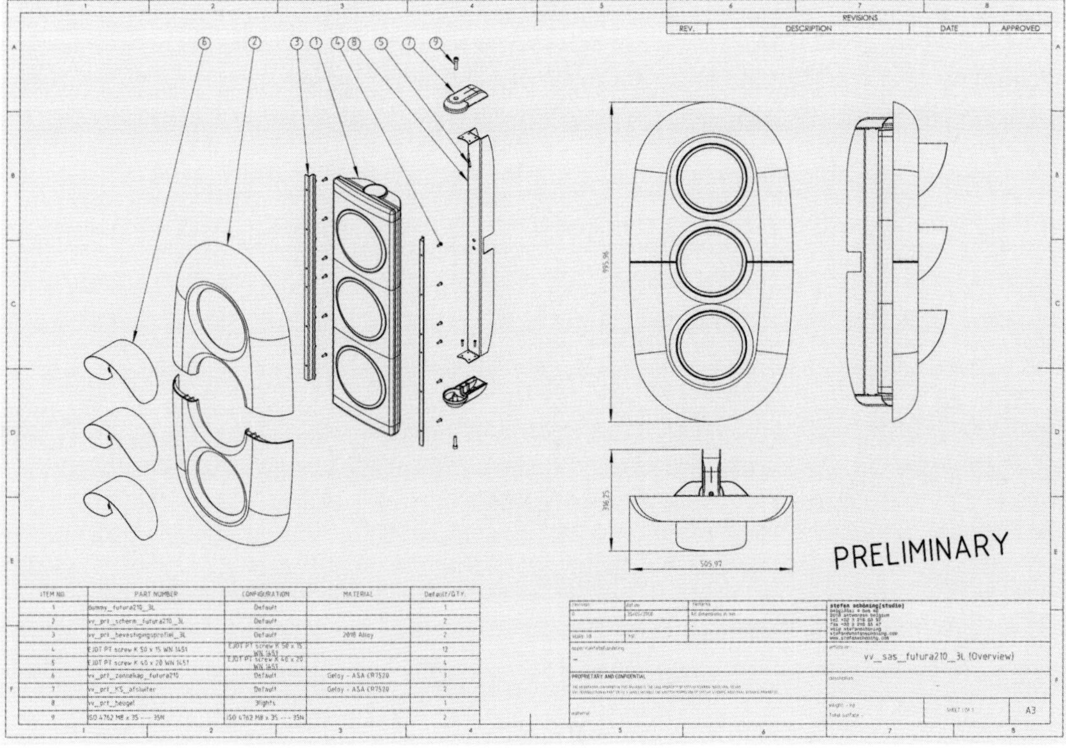
REVISIONS
REV. | DESCRIPTION | DATE | APPROVED
995.96
396.25
505.92
PRELIMINARY
ITEM NO | PART NUMBER | CONFIGURATION | MATERIAL | Default/QTY
1 | dummy_futura210_3L | Default | | 1
2 | vv_prt_scherm_futura210_3L | Default | | 2
3 | vv_prt_bevestigingsprofiel_3L | Default | 2018 Alloy | 2
4 | EJOT PT screw K 50 x 15 WN 1451 | EJOT PT screw K 50 x 15 WN 1451 | | 12
5 | EJOT PT screw K 40 x 20 WN 1451 | EJOT PT screw K 40 x 20 WN 1451 | | 4
6 | vv_prt_zonnekap_futura210 | Default | Geloy - ASA CR7520 | 3
7 | vv_prt_KS_afsluiter | Default | Geloy - ASA CR7520 | 2
8 | vv_prt_beugel | 3lights | | 1
9 | ISO 4762 M8 x 35 --- 35N | ISO 4762 M8 x 35 --- 35N | | 2
vv_sas_futura210_3L (Overview)
A3

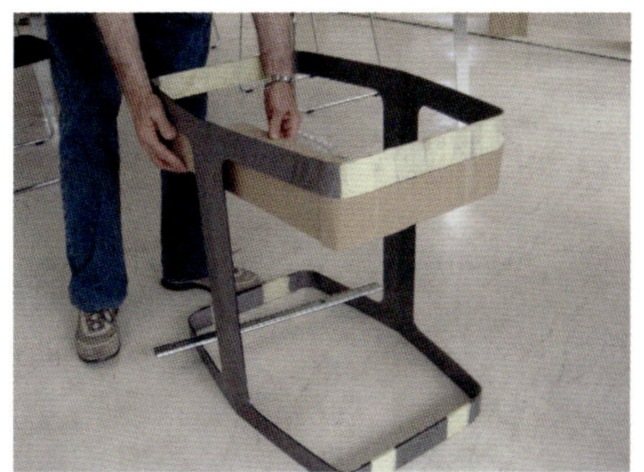

029

troll

iren uffici

troll is a desk trolley available in different versions and colours: a drawer, a dustbin, wheels to move it around or bright colours to liven up your office. / ***troll*** **is een bureaukastje op wielen, beschikbaar in verschillende uitvoeringen en kleuren. een lade, een prullenmand en wielen maken het ultrapraktisch... en de heldere kleuren vrolijken elk kantoor op.** / troll *est un chariot de bureau se déclinant en plusieurs versions. une corbeille à papier, un tiroir, des roulettes pour une meilleure maniabilité et une palette de couleurs exaltantes qui égaieront votre bureau.*

www.irenuffici.com

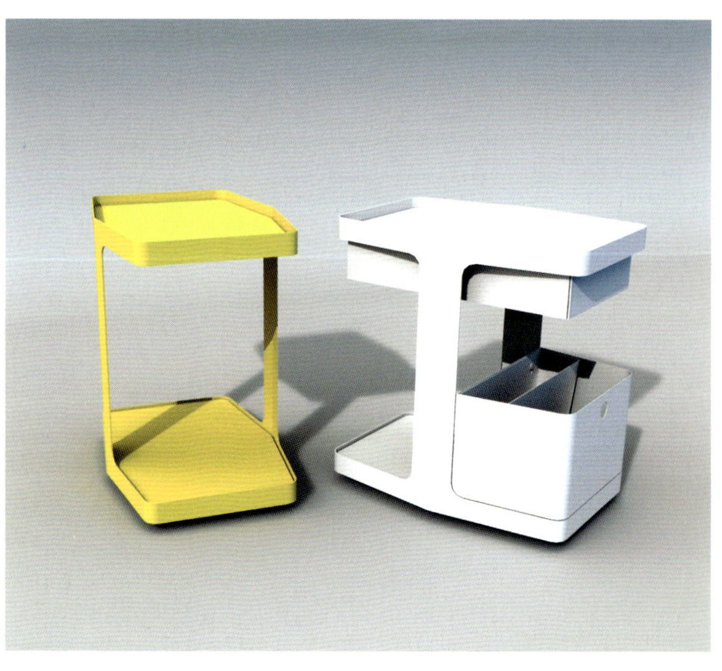

030

ultra

liv'it

stackable chair for public and domestic purposes. the thin layer is made out of one injected polypropylene sheet, snaps into the thin metal frame of the chair. the whole is designed as a slim and ultra-thin ensemble. / **stapelbare stoel voor publiek en huishoudelijk gebruik. de dunne laag is gemaakt uit één geïnjecteerd blad polypropyleen, dat in het metalen frame van de stoel klikt. het ensemble heeft een fijn, ultradun design.** / *chaise empilable destinée à un usage public ou domestique. la fine couche de son assise est confectionnée à partir d'une feuille de polypropylène injecté, sertie à une ossature de métal pour former un ensemble au design effilé ultra fin.*

www.livit.it

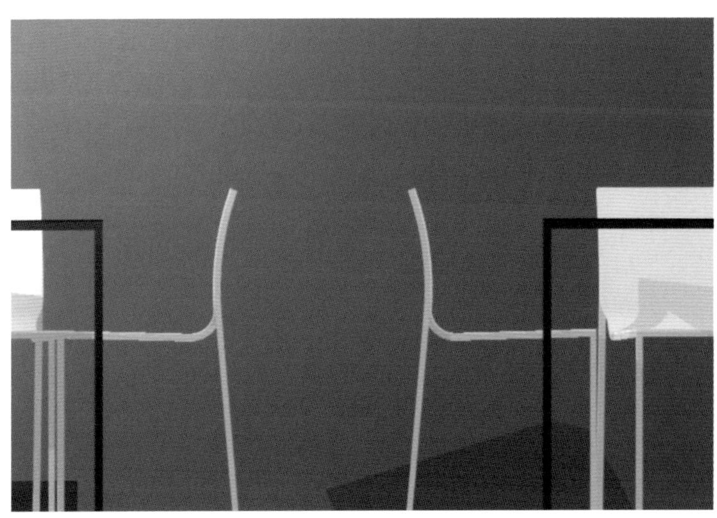

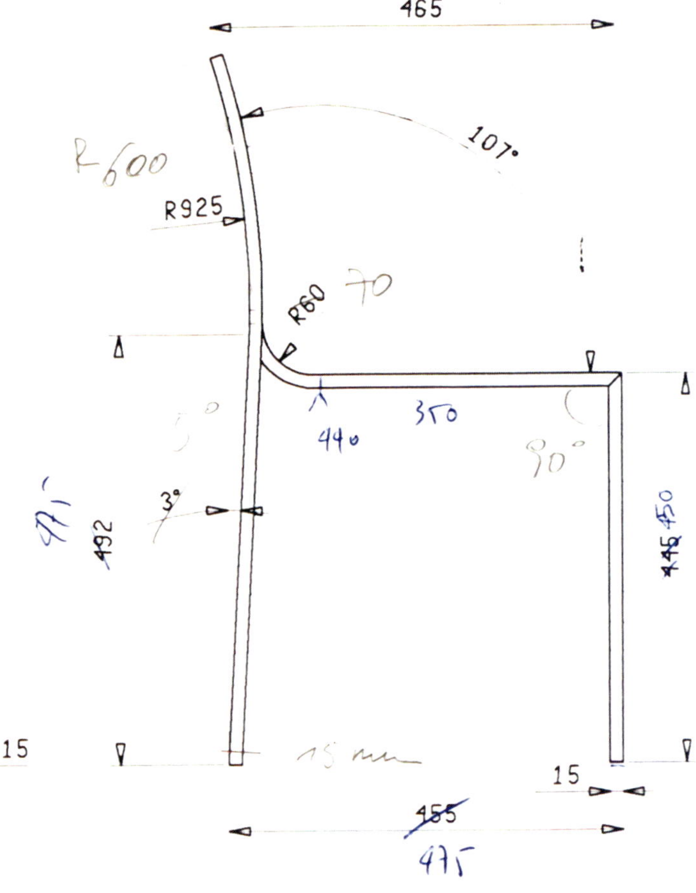
465
107°
R925
R60
3°
492
15
15
455
350
440
475

Stefan Schöning lavora per Liv'it già da qualche anno. Ha uno stile asciutto, preciso, diretto, e una capacità particolarissima di mescolare segni e linguaggi di altre culture dimostrando un cosmopolitismo degno della sua origine. D'altronde è nato ad Anversa, nel cuore delle Fiandre, e non poteva essere diversamente... Città storicamente al centro dei traffici commerciali del Nord Europa sin dal Medioevo, anche oggi conserva questo spirito di apertura agli scambi. E gli scambi presuppongono contaminazioni, commistioni e contatti con culture differenti. Anversa è un porto fluviale importante, è la prima città al mondo per il mercato di diamanti, è tra le 'capitali' culturali più vive e d'avanguardia d'Europa. E' una città aperta in ogni senso. Chi cresce in questo clima ha, dalla sua, un dna necessariamente curioso e privo di pregiudizi.

Il motto di Stefan, d'altronde è: 'la diversità è creatività'. Questo concetto lo trasferisce nel lavoro, sperimentando nuovi materiali e tecnologie, nuove modalità d'impiego e nuovi linguaggi espressivi. Tatto, forma, materia, colore... ingredienti che mescola con grande disinvoltura. Traendone sempre una sintesi che si contraddistingue per rigore ed equilibrio. Il suo stile è maturo, riconoscibile, unico. Mi piace molto e l'ho apprezzato da subito. E' un talento nel senso più autentico del termine.

E di talenti la scuola fiamminga ne sta proponendo diversi. Sono designer che dimostrano una versatilità invidiabile, una mente davvero libera, un senso estetico molto sviluppato e sorprendente. Di Stefan c'è anche da sottolineare un altro aspetto sostanziale: è un vero designer e non un architetto. Ha una formazione prevalentemente tecnica, vicina al prodotto e ai processi industriali che ne permettono la realizzazione. Chi proviene dall'architettura non ha questo approccio, ha una visione teorica del design, meno pronta ad affrontare i processi che portano alla messa a punto di un oggetto destinato al mercato. Il vantaggio di Stefan è di avere maturato, sviluppato e acquisito una cultura del prodotto studiata sul campo, e probabilmente questo è uno dei fattori che ne ha decretato il successo internazionale, oltre al suo innato talento. Un successo meritato, e non è un caso che il 2008 lo veda riconosciuto come migliore designer dell'anno.

Per Liv'it ha disegnato la sedia *Ultra* e un complemento da affiancare al divano, *Wifi*, che serve come tavolino-vassoio-contenitore. Prodotti impeccabili sotto ogni punto di vista. Estetica e funzionalità perfettamente calibrati, in linea con la nostra filosofia aziendale: un design che risolve delle necessità oggettive regalando il piacere di avere accanto, nel quotidiano, un bell'oggetto. Non è cosa da poco.

Provo sempre un grande piacere a lavorare con lui, sperimentando la sua serietà, la sua costanza e il suo 'essere nel progetto' in ogni dettaglio. In questo sento una profonda affinità e credo sia stato il punto di partenza di una partnership di lavoro che si è trasformata anche in amicizia. Un'amicizia che intendo coltivare per molto, molto tempo...

—

Daniele Livi / amministratore delegato / Liv'it

Stefan Schoning has been working with Liv'it for a number of years. He has a dry, precise, direct style and a very particular ability to mix signs and languages of other cultures, in a way that shows he has a cosmopolitanism worthy of his origins. Since he was born in Antwerp in the heart of Flanders, it could not have been otherwise... Antwerp is a city that has historically been at the heart of Northern European trade since the Middle Ages, and still retains today the same spirit of openness to exchange. Exchanges presuppose contaminations, mixing, and contacts between different cultures. Antwerp is an important river port, the first city in the world for the diamond market, and one of the most lively and advanced 'cultural capitals' of Europe: an open city in every sense. Anyone who grows up in such a place benefits from having a DNA that is necessarily curious and free of prejudices.

Moreover, Stefan's motto is: 'diversity feeds creativity'. He transfers this concept into his work, experimenting with new materials and technologies, new modes of use, and new languages of expression. Touch, shape, material, colour... mixing ingredients with great deftness. Always bringing out a synthesis that is distinguished for its rigour and balance. His style is mature, recognisable, unique. It delights me, and I appreciated it right from the start. He is a 'talent' in the most authentic sense of the word.

The Flemish school is turning out quite a few more of these talents: designers who show an enviable versatility, a truly free mentality, and a highly developed, surprising aesthetic sense.

Another important thing about Stefan should be emphasised: he's a real designer, not an architect. Having had a predominantly technical training, he is close to the product and the industrial processes that go into making it. Designers who come from architecture haven't got this approach; they take a theoretical view of design, and are less ready to face up to the processes inherent in developing an object intended to be put on the market. Stefan has the advantage of having developed, acquired, and brought to maturity a culture of the product learned on the job. Added to his own innate talent, this is probably one of the reasons for his international success. A deserved success, for which it is no coincidence that 2008 brought him recognition as the best designer of the year.

For Liv'it, Stefan designed the *Ultra* chair and *Wifi*, a complementary piece to be put beside a divan acting as a side table-tray-container. From every point of view these are impeccable products. Their aesthetics and functionality are perfectly calibrated, in line with our company philosophy: a type of design that resolves objective necessities whilst also giving the pleasure of having close by, in daily life, a beautiful object. That's no small thing.

It always gives me great pleasure to work with him, experiencing his seriousness, his constancy and his 'being inside the project' in every detail. In this I feel a deep affinity with him, and I believe that was the starting point for a working partnership that has transformed itself into a friendship as well. A friendship I intend to cultivate for a long, long time...

—

Daniele Livi / delegate director / Liv'it

Stefan Schöning werkt al enkele jaren voor Liv'it. Hij heeft een droge, precieze, directe stijl en een zeer bijzondere bekwaamheid om tekens en talen van andere culturen te vermengen waardoor zijn cosmopolitische afkomst ten volle tot zijn recht komt. Aangezien hij in Antwerpen, Vlaanderen geboren is, kon het moeilijk anders... Antwerpen vormt reeds sinds de middeleeuwen het historische middelpunt van de Noord-Europese handel en geeft tot op heden blijk van diezelfde openheid en bereidheid tot uitwisseling. Uitwisseling veronderstelt besmetting, vermenging en contact tussen verschillende culturen. Antwerpen is een belangrijke rivierhaven, een wereldcentrum voor diamant en één van de meest levendige en vooruitstrevende 'culturele hoofdsteden' van Europa: in elke betekenis een open stad. Wie in zo'n stad opgroeit, heeft het voordeel over een DNA te beschikken waarin nieuwsgierigheid en afwezigheid van vooroordelen noodzakelijkerwijs de boventoon voeren.

Bovendien is Stefans devies: 'diversiteit voedt creativiteit'. Dit concept sijpelt door in zijn werk, waarin hij experimenteert met nieuwe materialen en technologieën, nieuwe werkmethodes en manieren om zich uit te drukken. Aanvoelen, vorm, materiaal, kleur... hij vermengt ingrediënten met een grote vaardigheid. Hij brengt een synthese die opvalt door zijn strengheid en evenwicht. Hij heeft een rijpe, herkenbare en unieke stijl. Het is een stijl die mij verrukt en die ik al sinds het prille begin waardeer. Hij is een 'talent' in de meest authentieke betekenis van het woord.

De Vlaamse school levert nog heel wat meer van deze talenten op: designers met een benijdenswaardige veelzijdigheid, een vrije, onbelemmerde geest en een hoogontwikkeld, verrassend esthetisch gevoel. Bij Stefan moet nog een ander belangrijk aspect worden benadrukt: hij is een echte designer, geen architect. Door zijn overwegend technische opleiding staat hij dicht bij het product en de industriële processen die tot het product leiden. Designers met een architecturale achtergrond werken anders; ze hebben een theoretische visie op design, en zijn minder goed in staat om de processen onder ogen te zien die inherent zijn aan de ontwikkeling van een object dat voor de markt bestemd is. Stefan heeft het voordeel dat hij al doende een productcultuur heeft ontwikkeld, verworven en tot volle ontwikkeling heeft gebracht. Dit en zijn aangeboren talent is waarschijnlijk één van de redenen voor zijn internationale succes. Een succes dat volkomen terecht is, en het is dan ook geen toeval dat hem in 2008 de erkenning de beurt viel te worden uitgeroepen tot beste designer van het jaar.

Voor Liv'it ontwierp Stefan de *Ultra* stoel en *Wifi*, een meubelstuk om naast een divan te zetten, dat dienst doet als bijzettafel-dienblad-opbergruimte. Hoe men het ook bekijkt, dit zijn producten waar niets op aan te merken valt. Hun schoonheid en functionaliteit zijn perfect op elkaar afgestemd en in lijn met onze bedrijfsfilosofie: het soort design dat enerzijds een oplossing biedt voor objectieve noden en anderzijds ook het genoegen verschaft om zich in het gewone leven met een mooi voorwerp te omringen. En dat is niet niets.

Het is steeds een waar genoegen met hem samen te werken en zijn ernst, zijn standvastigheid en zijn 'betrokkenheid bij elk detail van het project' te ervaren. Op dat punt voel ik me sterk met hem verwant en ik geloof dat dit het begin was van een werkrelatie was die vanzelf in vriendschap is geëvolueerd is. Een vriendschap die ik nog lang wil koesteren...

—

Daniele Livi / gedelegeerd bestuurder / Liv'it

031

wifi

liv'it

wifi is a coffee table, bedside table or just a dumbwaiter. the removable top can be used as a tray for coffee or cocktails, and in the basket you can store magazines and newspapers or your kids' toys. / ***wifi* is wat je er zelf van maakt: een salontafel, nachttafeltje, serveertafel... het afneembare bovenvlak kan je gebruiken als dienblad voor koffie of cocktails. in de mand kan je tijdschriften of kranten opbergen, maar ook het speelgoed van de kinderen.** / wifi*: table de salon, de chevet ou desserte. son plateau arrondi se détache pour servir du café ou des cocktails et son panier peut faire office de porte-revues, des journaux ou de coffre pour les jouets de vos enfants.*

www.livit.it

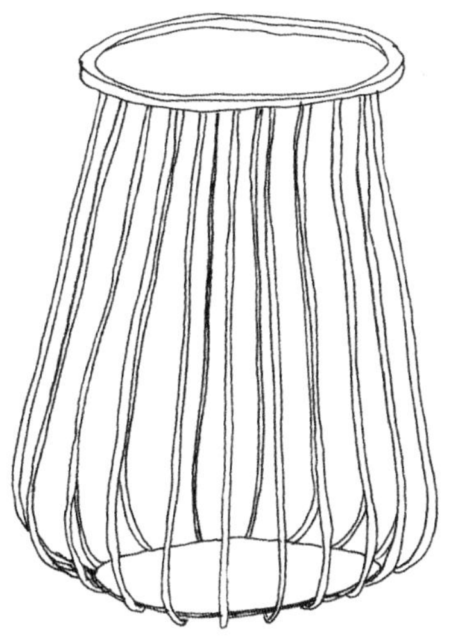

Ik leerde Stefan Schöning een aantal jaren geleden kennen in Keulen, op een designbeurs. Op de een of andere manier raakten we aan de praat. Mijn vrienden en ik moesten ergens heen en ik weet niet meer of er geen taxi's waren of we geen taxi konden betalen, maar wat ik wel nog weet is dat Stefan een wagen had, een SAAB. Hij had die dag Europa doorkruist en had waarschijnlijk meer dan genoeg gereden. Toch bood hij ons vrijwillig een lift aan. Ik geloof zelfs dat hij ons de hele avond van de ene plaats naar de andere heeft gebracht. Om maar te zeggen hoe goedhartig en genereus de man is die ik sindsdien als een vriend beschouw.

Intussen hebben we elkaar zowat overal ontmoet. Nog een keer in Keulen. New York. Kortrijk. Londen. En Milaan natuurlijk. Tijd en plaats zijn eigenlijk van geen belang voor mij — al bij al zijn beurzen en bars overal gelijk, waar je ook gaat. Het zijn de mensen die tellen. Als Stefan en ik samen zijn, praten we over het leven en over van alles en nog wat, maar zelden over ons werk. Ook al kruisen onze paden zich beroepshalve van tijd tot tijd.

En jawel, Stefan is een belangrijke designer (ik veronderstel dat dit inmiddels al duidelijk is?). En dat zeg ik niet alleen omdat hij mijn vriend is. Ik zou vooral zijn tijdloze architecturale aanpak van product design willen toejuichen. Denk aan zijn *Ultra* stoel en zijn *Wifi* tafel voor Liv'it en je zult weten wat ik bedoel.

Welk geluk Stefan in de toekomst ook te wachten staat, zowel op persoonlijk als professioneel vlak, hij verdient het.

—

Mårten Claesson / architect & designer / Claesson Koivisto Rune

J'ai rencontré Stefan Schöning pour la première fois à Cologne il y a quelques années. C'était pour le festival du design et nous avons commencé à discuter pour une raison ou pour une autre. Mes amis et moi devions nous rendre en un endroit. Et soit aucun taxi n'était disponible ou nous étions trop pauvres pour nous le permettre, je ne sais plus trop mais je me souviens que Stefan avait une voiture. Il venait de traverser l'Europe avec sa SAAB le jour même et avait déjà accumulé assez de kilomètres pour la journée. Il nous a pourtant proposé de nous emmener sans qu'on lui ait demandé. En fait, je crois qu'il nous a même conduits d'un endroit à un autre toute la soirée. Telle est la personnalité de cet homme bon et généreux qui est depuis devenu mon ami.

Depuis, nous nous sommes souvent rencontrés un peu partout, à Cologne une nouvelle fois, à New York, à Courtrai, à Londres et à Milan, bien sûr. L'heure et l'endroit m'importent peu, après tout, les champs de foire et les bars se ressemblent tous mais les gens, c'est autre chose. Lorsque Stefan et moi nous rencontrons, nous parlons de la vie et de tout mais rarement du travail, même si nos chemins professionnels se croisent parfois.

Et oui, Stefan est aussi un grand designer. Je ne dis pas ça simplement parce qu'il est mon ami. Mais je suppose que vous le saviez déjà? Je voudrais particulièrement féliciter son approche architecturale et intemporelle de la conception de produits. Voyez son fauteuil Ultra *et sa table de salon* WiFi *pour Liv'it et vous saurez de quoi je parle.*

La chance accordée à Stefan, tant dans sa vie que pour son travail, est bien méritée.

—

Mårten Claesson / architecte & designer / Claesson Koivisto Rune

I first met Stefan Schöning in Cologne some years ago. It was during the design fair and we started a conversation for one reason or another. My friends and I needed to go from this place to the other. And either there were no taxis available or we were too poor to get one, I've forgotten, but I remember Stefan had a car. He'd crossed Europe in his SAAB that day and had probably done enough of driving. Still, he offered a lift without even being asked. In fact, I think he was driving us around from place to place all night. Such is the personality of this gentle and generous man that I have come to call my friend.

Since then we've met about everywhere. Cologne again. New York. Kortrijk. London. Milan, of course. Time and place are kind of unimportant to me — after all, fairgrounds and bars are much the same wherever you go — but people matter. When Stefan and I meet we speak of life and everything, but rarely about our work. Even though our work paths cross from time to time.

And, yeah, Stefan is a great designer too. Not just because he is a friend. But I assume you already know this? In particular, I would like to applaud his timeless architectural approach to product design. Just look at his *Ultra* chair and *Wifi* coffee table for Liv'it and you'll know what I mean.

Whatever luck comes Stefan's way — in life, in work — he deserves it.

—

Mårten Claesson / **architect & designer** / **Claesson Koivisto Rune**

with horizontal lines *wilson* emphasises its wide and deep sitting volume, to which the back and the arm volumes are carefully added. the basic volume can even be extended, forming the basis for a side table-volume that is integrated in the horizontal line. *wilson* constitutes a 'plateau of volumes' as it were, that reorganises any room it's in. the classical name makes for a nice contrast with its appearance and exceeds the expectations of special sitting comfort. / **door de horizontale belijning legt *wilson* de nadruk op zijn brede en diepe zitvolume. de rug- en de armvolumes zijn hier zorgvuldig op aangebracht. het basisvolume kan zelfs verder doorlopen, waarbij het de basis vormt voor een bijzettafel-volume dat in de horizontale lijn verwerkt is. *wilson* vormt als het ware een 'plateau van volumes' en deelt de ruimte waarin hij staat opnieuw in. de klassieke naam vormt een mooi contrast met de uiterlijke verschijning en vult de rijkelijke verwachting van het bijzondere zitcomfort meer dan gewoon in.** / *par ses lignes horizontales, le* wilson *accentue le large et profond volume de son siège. le dos et les volumes des accoudoirs y ont été déposés avec soin. le volume de base peut même se prolonger pour former la base d'une table d'appoint, ce volume étant incorporé dans la ligne horizontale.* wilson *constitue pour ainsi dire un 'volume de plateaux' qui réaménage à sa façon l'espace dans lequel il se trouve. le nom classique forme un joli contraste avec son apparence et cet objet répond amplement aux attentes les plus profondes de celui ou de celle qui s'y prélasse.*

www.jongform.be

diversity feeds creativity

in search of developing his identity, stefan schöning works in a lot of different fields with a variety of products and materials. toys, lighting, furniture, kitchenware, consumer products, public design, all of these industries require a different approach and gather a knowledge which is exchangeable. this approach results in designs which go further than standard production. every design case can lead to applying new technologies and materials in order to sharpen the appearance of the design's identity. elimination is an important guide during this design process.

'if you draw a line, it has to replace all other redundant lines. it has to be that line, with all its characteristics. this is absolutely necessary to keep the world free from clutter and excess.'

www.stefanschoning.com

Schöning

stefan schöning was born in antwerp, belgium in 1968 and graduated in product development at the henry van de velde institute, antwerp. he set up an office for industrial design in 1994, working for clients in belgium, the netherlands, italy, germany and the usa. in order to release personal ideas in limited editions he created the design label *polyline* in 2001. more recently the studio has extended its activities with commissioned design, public & interior design, architecture and production. *folder*, a chair in true origami style, was his first project for *polyline* in 2001. the folded polypropylene sheet which is cut, scored and folded into a chair has been exhibited in numerous places such as the national design museum in new york (usa), the nike design library in oregon (usa), colette in paris (france), at 100% design in london (uk), at salone satellite in milan (italy) and is at present regularly invited to important exhibitions.

in 2004 stefan schöning was awarded the contract to design and develop a new corporate identity for the belgian railways. the principal idea of the design is to limit all visual litter and guide the traveller with ease and comfort, hence the use of soft, rounded corners and the presence of white as the main colour. the program has since travelled to exhibitions in seoul (korea), the design museum in zürich (switzerland), interieur'06 in kortrijk (belgium) and received the if product design award, the reddot product design award and the henry van de velde label 2006. the railway clock has also been exhibited at global edit/06, wallpaper*'s 10th anniversary at the armani teatro in milan (italy) during the salone del mobile 2006.

furthermore, the office was awarded the restyling of the traffic lights in flanders, commissioned by the flemish government. the adaptation of the design to all kinds of traffic situations was one of the decisive assets in this competition. likewise, the soft style, which reduces aggression, was equally important to the jury. the entire development of this project has been executed by stefan.schöning.studio.

2008

awarded 'designer of the year' by interieur foundation, together with the magazines weekend knack, weekend le vif/l'express as well as the design museum gent and grand-hornu images.
solo exhibition at interieur08 in kortrijk, belgium (oct)
www.interieur.be
www.weekendknack.be
www.levif.be
www.grand-hornu.be
design.museum.gent.be

first prize competition 'redesign interior *de loketten* of the flemish parliament' in cooperation with giuseppe farris (may)
www.farris.it
www.vlaamsparlement.be

henry van de velde awards & labels 2007 exhibition at design flanders gallery in brussels, belgium (jan-march)
www.designflanders.be

2007

exhibition at 'beauty singular~plural', 5th triennial for design at the royal museum of art and history in brussels, belgium, organised by design flanders (dec-march)
www.kmkg-mrah.be
www.designflanders.be

exhibition at 'world best design zone' at design korea 2007 in seoul, korea, in cooperation with design flanders (nov-dec)
www.designkorea.or.kr
www.designflanders.be

exhibition at 'korean public design expo 2007' in seoul, korea (oct)
www.publicexpo.co.kr

laureate 'provincial prize for design' & exhibition in antwerp, belgium (sept-oct)
www.provant.be

'red dot award product design 2007' exhibition at the red dot design museum in essen, germany, publication in red dot design yearbook & online exhibition (jun-jun'08)
www.red-dot.de

exhibition 'new belgian design' at waterland museum in purmerend, holland (may-jun)
www.museumwaterland.nl

exhibition 'on time' at the design museum in zürich, switzerland (may-sept)
www.museum-gestaltung.ch

exhibition at design fair 'sfeer' in gent, belgium (march)
www.sfeer.be

'if product design award 2007' exhibition at hannover exhibition centre, germany & publication in if yearbook 2007 (march-sept), permanent online exhibition
www.ifdesign.de

2006

henry van de velde label 2006 exhibition at design flanders gallery in brussels, belgium (dec-febr)
www.designflanders.be

exhibition at 'belgian designers rooms', the white hotel in brussels, belgium (nov-nov)
www.promateria.be
www.thewhitehotel.be

exhibition at design fair 'interieur06' in kortrijk, belgium (oct)
www.interieur.be

exhibition at '2006 world industrial design fair' in ningbo, china (sept)
www.widfair.com

exhibition at 'oeverture 06' at surplus interieur in gent, belgium (sept)
www.oeverture.be

wallpaper*'s 'global edit exhibition', during salone del mobile at armani teatro in milan, italy (apr)
www.cosmit.it
www.wallpaper.com

exhibition at 'label-design.be', design in belgium after 2000 by grand-hornu images, pro materia & design vlaanderen at grand hornu, belgium (oct-febr)
www.grand-hornu.be
www.promateria.be
www.designflanders.be

2005

first prize competition 'housestyle for project gent sint pieters'(apr)
www.projectgentsintpieters.be

exhibition at quality time/tutto bene, designers from belgium & the netherlands at sarpi sei in milan, italy, april (apr)
www.designflanders.be
www.tuttobene.nl
www.sarpisei.it

first prize competition 'supports for traffic lights' – flemish government (apr)
www.flanders.be

exhibition 'with love from belgium', passagen '05 at kunsthaus lempertz in köln, germany, coordination by optimo, (jan)
ww.optimo.be
www.lempertz.de

2004

exhibition at '(im)perfect by design', 4th triennial for design at the royal museum of art and history in brussels, belgium, organised by vizo (dec-febr)
www.kmkg-mrah.be
www.designflanders.be
www.imperfectbydesign.be

publication in 'international design yearbook' edited by tom dixon
www.laurenceking.co.uk

exhibition at 'vitrine on paper' at copyright in antwerp, belgium (sept)
www.ffi.be
www.copyrightbookshop.be

exhibition at 'bio19', biennial of industrial design, in ljubljana, slovenia (sept-oct)
www.bio.si

first prize competition 'corporate identity nmbs' – belgian railway stations, pilot project st-niklaas (apr)
www.b-rail.be

exhibition at 'meesterproef 2003 vlaanderen & nederland' at museum 'de paviljoens' in almere, the netherlands (jul-aug)
www.depaviljoens.nl

permanent collection designcenter winkelhaak, antwerp, belgium
www.winkelhaak.be

exhibition at 'hé prijsbeesten' at vizo gallery in brussels, belgium (jan-march)
www.designflanders.be

2003

participation in 'meesterproef2003' for the city of almere, the netherlands
www.vlaamsbouwmeester.be

exhibition at 'superstudio13 zona tortona', during the salone del mobile in milan, italy (apr)
www.cosmit.it

exhibition at 'the world best design exchange seoul 2003', at design korea 2003 in seoul, korea, in cooperation with design flanders
www.designkorea.or.kr
www.designflanders.be

window exhibition 'vitrine fashion it's belgian!?' at brasserie national in antwerp, belgium (sept)
www.ffi.be

exhibition 'kvadrat' at vizo gallery in brussels, belgium (sept-oct)
www.designflanders.be

exhibition at 'de nieuwe oogst' at vizo gallery in brussels, belgium (jun-aug)
www.designflanders.be

2002

exhibition 'cut+fold' at nike design library, oregon, usa (dec-febr)
www.nike.com

exhibition 'skin' at the national design museum in new york, usa (may-sept)
www.ndm.si.edu

exhibition 'mood river' at the wexner center for the arts in columbus, ohio, usa (febr-may)
www.wexarts.org

exhibition 'salone satellite', at the salone
del mobile in milan, italy (apr)
www.cosmit.it

window exhibition at 'made in' in dusseldorf,
germany (apr)

window exhibition at 'colette' in paris, france(febr)
www.colette.fr

exhibition '100 jaar, 100 stoelen' at the design museum
in gent, belgium, in cooperation with the vitra design
museum in germany (jun-sept)
www.design.museum.gent.be

exhibition 'vitrine first object-subject' at louis
in antwerp, belgium(sept)
www.ffi.be

2001

exhibition 'salone satellite' at the salone del mobile
in milan, italy (apr)
www.cosmit.it

exhibition at '100% design' in london,
united kingdom (sept)
www.100percentdesign.co.uk

window exhibition at 'pesch intermöbel' in köln,
germany (sept)
www.pesch-wohnen.de

2000

exhibition at '100% design' in london,
united kingdom (oct)
www.100percentdesign.co.uk

1994

nomination 'international luggage design competition',
toyooka, japan

1990

first prize lego-competition 'automobile for
the future', munchen, germany

furniture

one offs

products

public + urban design

space + architecture

stories

it has been a very special experience for me to witness the creation of a book – right from the moment when the idea for the book was born, up until the moment i could actually hold and smell it. nevertheless this is a type of project which, being a designer, i should be able to compare with a design project, if it wasn't for the fact that this project is named after me. honestly i have to admit that – as the end result became more and more visible – i have grown to like this type of work. making inventories is an activity requiring accurateness and consistent logic and i have found those skills in the people surrounding me. without their input the realisation of this project would not have been possible. hence i would like to express my special thanks to llyn keating for her inexhaustible dedication and perseverance in taking on the coordination from the very start, in adhering to the line of the book time and again and in showing an unparalleled persistence when collecting texts and images. i would also like to thank lodewijk joye who has designed this book in an excellent way and who has been tirelessly checking and correcting even the smallest details. many thanks also to ilse liekens for her stunning photographs of the studio. i would also like to thank the publishing house stichting kunstboek and their staff for assisting me with their knowledge and experience in turning this book into an exciting project. sincere thanks also to my assistant lieven verdin. he managed to stay calm in the turmoil of this project and was able to protect the studio from chaos and degeneration. i would like to thank all the producers and customers who have been supporting my work for many years and for whom this book is also an affirmation of the result we have achieved together. i would like to thank all the custodians, curators and art directors who have supported, chosen and exhibited my work for several years. thanks also to the press and all the shops, as without them it would not be possible to show the products up to their best advantage and sell them to the right people. finally i would like to dedicate this book to my children: stella and henry. / **het was voor mij een zeer bijzondere ervaring om een boek te zien ontstaan, vanaf het idee om het te maken tot het moment dat ik het echt kon vastnemen en ruiken. nochtans is dit een soort project dat ik als ontwerper zou moeten kunnen vergelijken met een designproject, ware het niet dat dit project mijn eigen naam draagt. ik moet eerlijk bekennen dat ik – naarmate het resultaat zichtbaarder werd – van dit soort werk ben gaan houden. inventariseren is een bezigheid die accuraatheid en consequente logica vereist en die heb ik gevonden in de mensen rondom mij. zonder hen was dit project niet mogelijk geweest. ik dank daarom in het bijzonder llyn keating voor haar onvermoeibare inzet en doorzettingsvermogen om vanaf het begin de coördinatie op zich te nemen, telkens opnieuw de lijn van het boek na te streven en bij het verzamelen van de teksten en de beelden een onnavolgbare volharding aan de dag te leggen. bijzondere dank ook aan lodewijk joye voor de mooie vormgeving van het boek en voor zijn niet aflatende inzet bij het nakijken en verbeteren van de kleinste details en aan ilse liekens voor haar mooie foto's van de studio. tevens dank ik uitgeverij stichting kunstboek en haar medewerkers. zij hebben mij met hun kennis en ervaring bijgestaan om van dit boek een boeiend project te maken. ik wil ook graag mijn assistent lieven verdin bedanken omdat hij in het tumult van dit project steeds de kalmte wist te bewaren en zo de studio wist te vrijwaren van chaos en verloedering. ik dank ook alle producenten en klanten die reeds jaren achter mijn werk staan en voor wie dit boek ook een bevestiging is van het resultaat dat we samen hebben bereikt. ik wens ook alle conservators, curatoren en art directors te bedanken die al die jaren mijn werk hebben gesteund, gekozen en tentoongesteld alsook de pers en winkels, zonder wie het niet mogelijk is de producten in het juiste daglicht te stellen en aan de juiste man te brengen. tevens wil ik dit boek opdragen aan mijn kids: stella en henry.** / *ce fut pour moi une expérience toute particulière que de voir naître un livre, à partir de l'idée de le réaliser jusqu'au moment de pouvoir le palper et le sentir. pourtant, il s'agit là d'une sorte de projet que je devrais pouvoir comparer, en tant que créateur, à un projet de design, or voilà-t-il pas que ce projet porte mon propre nom. mais je dois avouer sincèrement que – à mesure que le résultat devenait visible – je me suis mis à aimer ce type de travail. inventorier est une occupation qui requiert de la minutie et une logique conséquente et j'ai trouvé ces talents dans les gens qui m'entourent. ils m'ont permis de réaliser ce projet. je remercie donc tout particulièrement llyn keating qui s'est engagée sans limite aucune à assumer dès le début la coordination, en respectant sans cesse la ligne imposée à cet ouvrage et en faisant preuve, lors du recueil des textes et des illustrations, d'une persévérance inégalable. je remercie aussi lodewijk joye qui a transformé ce livre en un bel ouvrage et qui n'a eu de repos qu'après avoir tout vérifié et corrigé jusque dans les moindres détails. ma gratitude va aussi à ilse liekens pour ses jolies photos du studio. merci aussi aux éditions stichting kunstboek et à leurs collaborateurs qui ont engagé tout leur savoir et toute leur expérience afin de me permettre de transformer ce livre en un projet des plus passionnants. je remercie aussi mon assistant lieven verdin qui a su conserver le calme malgré le tumulte autour de ce projet et qui a réussi à préserver le studio du chaos et de la dégradation. je remercie également tous les producteurs et clients qui me soutiennent depuis de longues années déjà dans mon travail. que ce livre soit pour eux aussi la démonstration du résultat que nous avons atteint ensemble. je remercie aussi les conservateurs, curateurs et directeurs artistiques qui ont soutenu, élu et exposé mes œuvres au fil des ans. je tiens aussi à remercier la presse et les magasins, sans qui il n'est pas possible de présenter les produits sous leur juste lumière, et encore moins de les vendre. je voudrais aussi dédier ce livre à mes gosses: stella et henry.*

editorial project
stefan schöning / llyn keating

graphic design
lodewijk joye / www.lodewijkjoye.be

front cover
drawing by ellen van engelen / www.ellenvanengelen.be / p. 86, 175

stories
daniele livi / johan valcke / leo pardon / marc huls / mårten claesson / marva griffin wilshire
moniek e. bucquoye / rainer krause / ralph wiegmann / roberta mutti / walter orsenigo

translation
taal-ad-visie, brugge

final editing
heide-mieke scherpereel
karolien van cauwelaert

photo credits
charlie de keersmaecker / www.charliedekeersmaecker.com / p. 186
ilse liekens / www.ilseliekens.be / p. 2-3, 4, 7, 11, 12-13, 16, 36, 92, 93, 94-95, 125, 126, 127
koen de waal / www.koendewaal.com / p. 47, 54-55, 89, 130, 138, 176-177
koen lauwers / p. 21
lenz vermeulen / www.city-furniture.be / p. 84, 85, 88, 105, 107, 148-149, 150, 160, 161
sigfrid eggers / www.studio62.be / p. 87
wim robberechts / www.robberechts.tv.procol.be / p. 75
wouter wynen / www.aversis.be / p. 45, 48, 49, 65, 68-69, 98, 99, 110-111, 112, 113, 114, 115, 145, 153, 155, 156-157, 158

courtesy
larry clark, untitled, 1971 (T32) / courtesy of the artist and luhring augustine, new york
www.luhringaugustine.com
nicolas provost, plot point, 2007 / courtesy tim van laere gallery, antwerp / www.timvanlaeregallery.com
anne daems, untitled, 1999 (detail) / courtesy of the artist & galerie micheline szwajcer / www.gms.be

published by
stichting kunstboek bvba / legeweg 165 / b-8020 oostkamp
info@stichtingkunstboek.com / www.stichtingkunstboek.com

printed by
group van damme / legeweg 165 / b-8020 oostkamp / www.groupvandamme.eu

isbn 978-90-5856-301-9
d/2008/6407/29
nur 656